Jack Jackson

# INDISCHER OZEAN

Die schönsten Tauchreviere

Jack Jackson

# INDISCHER OZEAN

**Delius Klasing**
EDITION NAGLSCHMID

Titel der englischen Originalausgabe: TOP DIVE SITES OF THE INDIAN OCEAN
veröffentlicht bei New Holland Publishers (UK) Ltd., London

Die Deutsche Bibliothek – CIP-Einheitsaufnahme

Indischer Ozean: die schönsten Tauchreviere / Jack Jackson. [Aus dem Engl. von Wolfgang Rhiel].
– 1. Aufl. – Bielefeld: Delius Klasing; [Stuttgart]: Ed. Naglschmid, 2001
Einheitssacht.: Top dive sites of the Indian Ocean <dt.>
ISBN 3-7688-1289-8

1. Auflage
ISBN 3-7688-1289-8
Die Rechte für die deutsche Ausgabe liegen beim Verlag Delius, Klasing & Co. KG, Bielefeld

Aus dem Englischen von Wolfgang Rhiel
Deutsche Bearbeitung: Dr. Friedrich Naglschmid
Layout und Kartographie: Steven Felmore
Schutzumschlaggestaltung: Buchholz/Hinsch/Hensinger, Hamburg
Printed in Singapur 2001



Delius Klasing Verlag, Siekerwall 21, D-33602 Bielefeld
Tel.: 0521/559-0, Fax: 0521/559-113
e-mail: info@delius-klasing.de
http://www.delius-klasing.de

## INHALT

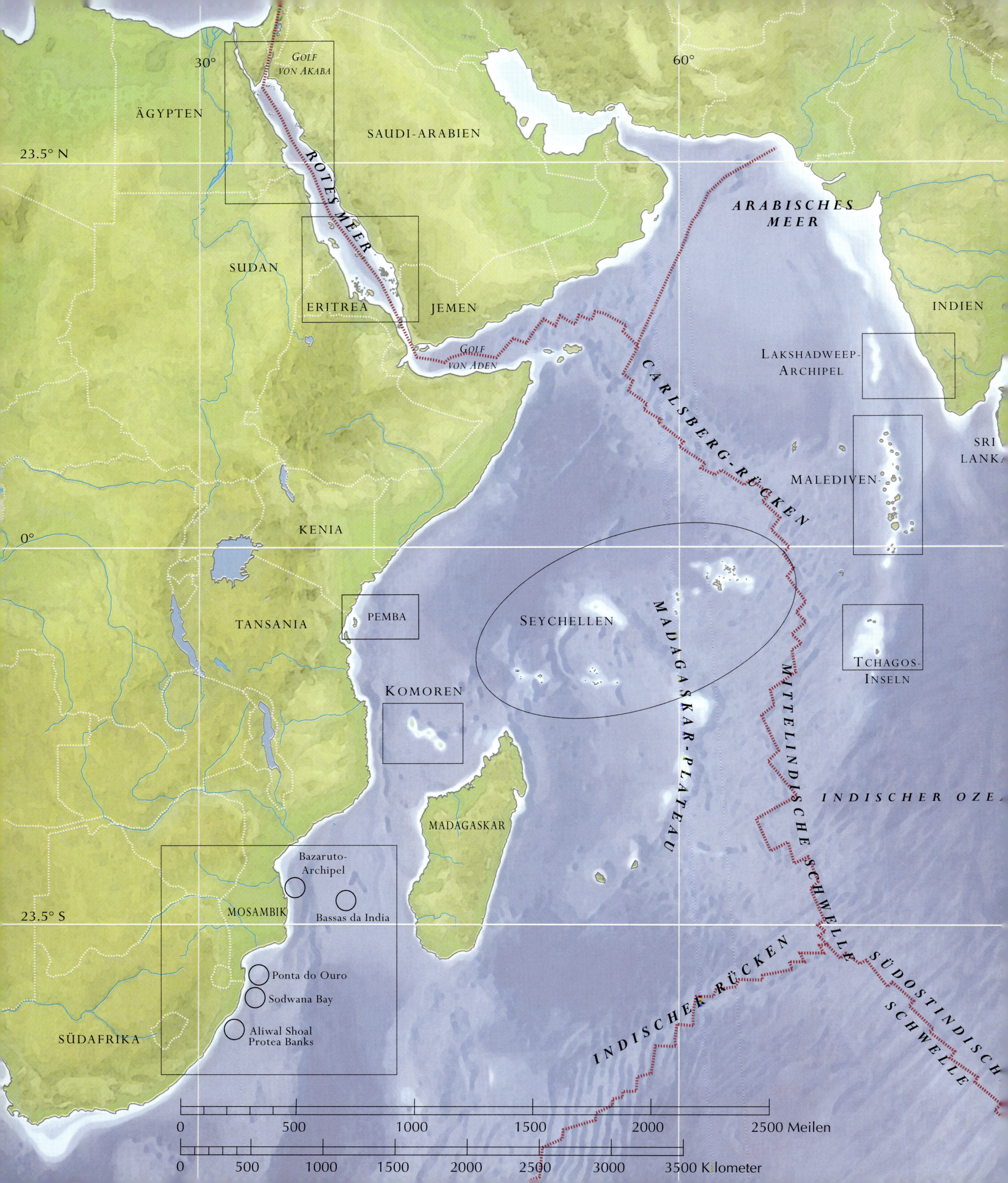

Golf von Akaba
30°
60°
Ägypten
Saudi-Arabien
23.5° N
Rotes Meer
Arabisches Meer
Sudan
Eritrea
Jemen
Indien
Golf von Aden
Lakshadweep-Archipel
Carlsberg-Rücken
Sri Lanka
Malediven
0°
Kenia
Tansania
Pemba
Seychellen
Madagaskar-Plateau
Tchagos-Inseln
Komoren
Mittelindische Schwelle
Indischer Oze
Madagaskar
Bazaruto-Archipel
Mosambik
Bassas da India
23.5° S
Ponta do Ouro
Sodwana Bay
Aliwal Shoal
Protea Banks
Südafrika
Indischer Rücken
Südostindische Schwelle
0 500 1000 1500 2000 2500 Meilen
0 500 1000 1500 2000 2500 3000 3500 Kilometer

90°
120°
150°
WENDEKREIS DES KREBSES
MYANMAR
THAILAND
PAZIFISCHER OZEAN
ANDAMANEN
MERGUI
Koh Phuket
ÄQUATOR
BENGALISCHER RÜCKEN
JAVAGRABEN
JAVA
LOMBOK
BALI
TIMOR
Roti
Weihnachts-Insel
Kokos-Inseln
Seringapatam und Scott Reef
Rowley Shoals
WHARTON-BECKEN
Ningaloo Reef
Coral Bay
WENDEKREIS DES STEINBOCKS
WESTAUSTRALIEN
BRUCHPLATEAU
SÜDAUSTRALIEN
Rottnest Island
Geographe Bay
Neptun-Inseln

Die Wahl der besten Tauchgebiete löst fast immer eine hitzige Debatte aus. Die meisten Taucher und Taucherinnen wollen warme Gewässer, herrliche Korallenriffe, eine reiche Fisch- und Wirbellosenfauna sowie die klare Sicht der tropischen Meere. Einige ziehen dagegen rasantes Strömungstauchen vor, manche Wracktauchen, und wieder andere erkunden lieber das Leben im Flachwasser. Bei unserer Auswahl haben wir all das berücksichtigt, darüber hinaus die Zugänglichkeit (ausgenommen ein paar Traumgebiete) und, wo vorhanden, interessante Ausflüge an Land.

## Der Indische Ozean

Der Indische Ozean ist nach dem Pazifik und Atlantik das drittgrößte Weltmeer, größer als das Südpolarmeer und macht etwa 20 Prozent der Wasserfläche der Erde aus. Keine natürliche Grenze trennt den Indischen Ozean vom Atlantik, dem Südpolarmeer und dem Pazifik. Der 20°-Meridian östlich von Greenwich durch Kap Agulhas an der Südspitze Afrikas gilt als westliche Begrenzung zum Atlantik, der 147°-Meridian östlich von Greenwich als östlichste Grenze, dort, wo der Indik vor Südaustralien auf den Pazifischen Ozean trifft. Das Südpolarmeer umfasst das gesamte Meeresgebiet südlich des 55. südlichen Breitengrades.

Der Indische Ozean, im Westen von Afrika und der Arabischen Halbinsel begrenzt, im Norden von Südasien, im Osten von der Malaienhalbinsel, Indonesien und Australien und im Süden vom Südpolarmeer, weist eine außergewöhnlich reiche Küstenlandschaft, Riffentwicklung und Artenvielfalt auf.

Mit dem Golf von Akaba, dem Roten Meer, dem Persischen Golf, dem Golf von Oman, dem Arabischen Meer, dem Golf von Bengalen, der Malakkastraße, der Großen Australischen Bucht und der Bass-Straße hat der Indische Ozean eine Fläche von 73.556.000 km$^2$.

Die afrikanische, indische und antarktische Platte treffen im Indischen Ozean als Zentralindische Schwelle aufeinander. In der Form eines umgedrehten »Y« verläuft der Stamm nordwärts und dann als Carlsberg-Rücken nach Westen, wo er in das Grabensystem des Roten Meeres übergeht. Ein Arm reicht um Südafrika herum zum Mittelatlantischen Rücken, der andere um Südaustralien herum zur Ostpazifischen Längsschwelle. Diese untermeerische Gebirgskette weist in der Scheitelzone starke Vulkantätigkeit und eine Ausweitung des Meeresbodens auf.

Im Roten Meer driften der Nordteil Afrikas und Arabien auseinander, sodass es in geologischer Zeit einmal ein Meer sein wird. Die sehr kleine arabische Platte bewegt sich dagegen nach Nordosten und schiebt sich am iranischen Zagrosgebirge unter die asiatische Platte. Der Persische Golf wird wahrscheinlich einmal vollkommen abgeschlossen sein.

Vor Indonesien gilt der 7.450 m tiefe Javagraben als Subduktionszone, wo die australische Platte unter die eurasische absinkt. Diese Plattentektonik existiert erst seit zwei Millionen Jahren, und die damit verbundene Vulkantätigkeit ist hoch. Der Ausbruch des Krakatau 1883 war bis nach Australien zu hören.

In jüngster geologischer Zeit ist der Boden des Indischen Ozeans aus verschiedenen Gründen gestiegen oder abgesunken, sodass Meerespopulationen getrennt und isoliert wurden. Wenn diese Isolierung lange genug andauerte, haben sich einige dieser Populationen wahrscheinlich zu eigenen Arten entwickelt. Bei abgelegenen Inseln ist es vielfach auch zur Isolierung von Flachwasserorganismen gekommen. Große Bereiche sehr tiefen Wassers und der schlickreiche Zufluss der Flüsse bilden Barrieren zwischen Flachwassergemeinschaften.

### Winde und Strömungen

Der Norden des Indischen Ozeans ist insofern einzigartig, als sich die aktuelle Strömung zweimal im Jahr ändert. Im Winter führt Hochdruck über Nordasien aufgrund kalter, sinkender Luft zum Nordostmonsun sowie Winden und Strömungen von Nordost nach Südwest. Die Winde wehen von Oktober bis April und erzeugen den Nord-Äquatorialstrom, der Wasser zur afrikanischen Küste transportiert. Von Mai bis Oktober führt niedriger Luftdruck über Südwestasien aufgrund heißer, aufsteigender Luft zum Südwestmonsun, bei dem Südwest-Nordostwinde vorherrschen. Vom Arabischen Meer bringt der Südwestmonsun dem indischen Subkontinent starke Niederschläge.

Über der südlichen Halbkugel sind die Winde im allgemeinen milder, die Sommerstürme bei Mauritius können jedoch schwer sein. Passatwinde treiben ein breites Strömungssystem aus warmem Wasser kreisförmig gegen den Uhrzeigersinn. Der Süd-Äquatorialstrom befördert Wasser nach Afrika, wo der monsununabhängige Teil sich nach Süden an Madagaskar vorbei wendet und den Agulhas-Strom verstärkt, der an der Ostküste Afrikas nach Süden zieht. Im Winter kann diese kombinierte Südströmung bis zu 180 km pro Tag

*Oben (v.l.n.r.): Ein Weißrücken-Anemonenfisch* (Amphiprion akallopisos), *ein Gelbaugen-Wippschwimmer* (Escenius melarchus), *Bullocks Prachtnacktschnecke* (Hypselodoris bullocki), Chromodoris magnifica *Nacktschnecken.*

zurücklegen. Dabei kann sie die von Stürmen über dem Südpolarmeer nach Norden treibenden Wellen in der Höhe mehr als verdoppeln. Das Gebiet ist unter Seefahrern berüchtigt, und Taucher müssen sich auf spektakuläre Vorkommnisse einstellen, wenn ihr Tauchboot durch schwere Brandung in See sticht.

Im Mai/Juni und Oktober/November kommt es im Norden des Indischen Ozeans zu tropischen Wirbelstürmen, im Januar/Februar im Süden. Wenn der Monsun sich dreht, erreichen Wirbelstürme zuweilen die Küsten des Arabischen Meeres und des Golfs von Bengalen. Früher nutzten Segelschiffe, die die bedeutende Handelsroute nach Indien und Südostasien befuhren und mit Teppichen, Gewürzen, Seide und Tee zurückkamen, die Monsunwinde. Sie fuhren, unterstützt vom Südwestmonsun, nach Osten und legten ihre Rückfahrt in die Zeit zwischen November und März, um dann die Winde und Strömungen des Nordostmonsuns auszunutzen. Heute nehmen die Schiffe den weit einfacheren Weg durch den Sueskanal.

**Korallenriffe**

Die heutigen Korallenriffe haben sich als Folge der steigenden Meeresspiegel nach der letzten Eiszeit gebildet. Ein Wachstum von einem Meter kann 300, aber auch 3.000 Jahre benötigen, während ein Wirbelsturm oder Erdbeben ein Riff in Sekunden zerstören kann. Der Mensch braucht vielleicht etwas länger, das Ergebnis ist jedoch das gleiche.

*Oben (v.l.n.r.): Ein Tigerzackenbarsch* (Epinephelus posteli) *auf einem Steinkorallenriff; eine Unechte Karettschildkröte* (Caretta caretta); *eine* Chromodoris burrei Meeresnacktschnecke; *Rosa Anemonenfisch* (Amphiprion perideraion).

Korallenriffe werden hauptsächlich von Steinkorallen gebaut; Korallentierchen sondern ein Kalkskelett ab, das durch Verschmelzen mit anderen sowie mit Schutt das Riff bildet. Diese Korallen brauchen warmes, klares Wasser und möglichst viel Sonnenlicht, sodass echte Riffe eigentlich nur in tropischen Gewässern vorkommen. Die typischen tropischen Gewässer sind jedoch sehr nährstoffarm. Die meisten Steinkorallen leben deshalb in Symbiose mit Algen, deren abgesonderte Nährstoffe sie aufnehmen. In jüngster Zeit haben gestiegene Wassertemperaturen viele Seeanemonen, Muscheln und schnell wachsende Steinkorallen gestresst. Die Folge ist das »Coral bleaching«, das Ausbleichen der Korallen, das durch Verlust der Algen zum Absterben der Korallen führt.

**El Niño und La Niña**

El Niño und sein Gegenstück La Niña, die ursprünglich vermeintlich nur einen schmalen Wasserstreifen vor Peru beeinträchtigten, beeinflussen, wie man heute weiß, den Pazifikrand bis nach Ost- und Südafrika.

Das ENSO-Phänomen (El Niño-Southern Oscillation), normalerweise von einer veränderten Luftströmung, der so genannten Southern Oscillation, begleitet, ist eine der Hauptursachen des veränderten Weltklimas. 1997/98 war die Oberflächentemperatur der meisten tropischen Meere besonders hoch; Taucher stellten ein großflächiges Ausbleichen der Korallen fest, und die Haie zogen sich in tieferes, kälteres Wasser zurück. Fast alle Gebiete der Erde bekamen die Auswirkungen von El Niño in irgendeiner Form zu spüren.

Ende des 19. Jahrhunderts bemerkten peruanische Fischer, dass alle drei bis sieben Jahre eine Schicht warmes, nährstoffarmes Wasser aus dem Westpazifik sich über ihre kalten, nährstoffreichen Küstengewässer legte, sodass die Fische eingingen oder das Gebiet zur Nahrungssuche verließen. Andererseits fiel auf dem normalerweise dürren Land sintflutartiger Regen, die Wüste wurde grün, und die Bauern erzielten Rekordernten. Diese Erwärmung setzte um Weihnachten ein, sodass dieses Ereignis den Namen El Niño bekam, »das Christkind«.

Normalerweise erhält der riesige Pazifik mehr Sonnenenergie als die anderen Weltmeere. Das und die östlichen Passatwinde tragen zum ENSO-Prozess bei. Die Passatwinde drücken Wasser in den westlichen Pazifik, sodass der Meeresspiegel bei den Philippinen etwa 60 cm höher als an der Südküste Panamas ist. Das nach Westen strömende Wasser bleibt somit an der Oberfläche und erwärmt sich. Aus diesem Grund hat der Westpazifik mit normalerweise über 28 °C die höchsten Oberflächentemperaturen.

Das warme Oberflächenwasser drückt die Thermokline, was sinkenden Luftdruck bewirkt, sodass feuchte Luft aufsteigt. Die Folge sind häufige Gewitter und extrem schwere Niederschläge in Nordaustralien, auf Papua-Neuguinea und in Indonesien. Im Ostpazifik ist das Wasser kalt und der Luftdruck hoch. Die von Ost nach West wehenden Passatwinde treiben von der Sonne erwärmtes Oberflächenwasser nach Westen, sodass im Osten kaltes Wasser an der Oberfläche liegt.

Tritt El Niño auf, sind die Oberflächentemperaturen im südöstlichen tropischen Pazifik ungewöhnlich hoch. Der östliche Passat über dem Mittel- und Westpazifik lässt nach oder dreht sich sogar um, und das warme Wasser des Westpazifiks strömt zurück nach Osten. Die Folge ist eine deutliche Erwärmung des Oberflächenwassers vor der Westküste Südamerikas.

Dann verlagern sich die normalerweise feuchten Wetterbedingungen des Westpazifiks nach Osten, und die für den Ostpazifik typische Dürre tritt im Westen auf. Das beschert Südamerika schwere Niederschläge, Australien Dürre und Buschbrände, Südostasien, Indien und Südafrika Trockenheit, die die zahllosen Waldbrände und den Rauch über Indonesien und Malaysia 1998 noch verschärfte.

El Niño wird oft »ein warmes Ereignis« genannt. Tritt das Gegenteil ein – ungewöhnlich kalte Wassertemperaturen im östlichen Äquatorialpazifik –, spricht man von einem »kalten Ereignis« mit Namen La Niña, »das Mädchen«. Die Auswirkungen auf das Weltklima sind denen von El Niño entgegengesetzt.

## Der westliche Indische Ozean

Die Gewässer an der Südküste Südafrikas sind so kalt und rau wie in Nordeuropa, doch etwas weiter die Ostküste hinauf liegen die südlichsten Korallenriffe der Erde. Der Agulhas-Strom treibt vielleicht dann und wann junge tropische Küstenfische bis zum Kap der Guten Hoffnung, und gelegentlich kann ein Weißhai vom Süden bis zu den Protea Banks kommen.

Die Riffe von Mosambik blieben in den Jahrzehnten des Bürgerkriegs unbehelligt, sind jedoch jetzt zugänglich und erneut begehrte Tauchziele. Weiter nördlich haben die Inseln Comoros und Pemba ihre Fans. Die Korallenriffe dort bieten eine große Artenvielfalt.

Im Nordosten kann man vor den Vulkaninseln der Seychellen sehr gut tauchen. Die Steinkorallen sind 1997–1999 zwar stark ausgeblichen, die Fischfauna ist jedoch intakt, und der St. Anne Nationalpark vor der Insel Mahé bekommt jedes Jahr im August und November Besuch von Walhaien.

Der Golf von Akaba und das Rote Meer oben im Norden sind salzhaltiger und wärmer, als aufgrund ihrer geografischen Lage zu erwarten wäre. Vulkantätigkeit am Meeresboden erhöht die Wassertemperatur, und an den Wüstenküsten fließen keine größeren Flüsse ins Meer. So konnten sich gesunde Riffe mit reicher Artenvielfalt entwickeln. Etwa 15 Prozent der Arten im Persischen Golf und im Golf von Aden kommen nur dort vor, da beide vom Indischen Ozean abgeschnitten wurden, als der Meeresspiegel während der letzten Eiszeit sank. Als das Eis schmolz und das Meer wieder stieg, schränkten der Sandboden und Auftrieb an der Küste Somalias die Entwicklung von Riffen und Riffarten ein, sodass die Isolation der Riffarten gewahrt blieb.

Die Eröffnung des Sueskanals 1869 brachte dem Roten Meer starken Schiffsverkehr und damit eine große Zahl von Wracks, die das Tauchen dort interessant machen.

## Der zentrale Indische Ozean

An der Küste Pakistans herrschen im Winter niedrige Temperaturen, und an der Küste Indiens leiten große Flüsse saisonal sedimentbelastetes Süßwasser ein. Die Riffentwicklung ist unter diesen Bedingungen sehr begrenzt.

Die Inseln vor Südindien – Lakshadweep, die Malediven, Sri Lanka und die Andamanen – bieten gesunde Riffe und eine gute Artenvielfalt. Bis auf Sri Lanka liegen diese Inseln fernab jeglicher Zuflüsse vom Festland. Die meisten küstennahen Riffe vor Sri Lanka sind durch das Fischen mit Sprengstoff geschädigt. Taucher sollten sich deshalb auf die küstenferneren Riffe konzentrieren. Die Malediven haben 1997–1999 ein massives Ausbleichen der Korallen erlebt, doch die Fischfauna ist nach wie vor außergewöhnlich, und die befallenen Riffe erholen sich bereits wieder. Die Tauchbedingungen werden für die nähere Zukunft auf Tauchkreuzfahrten besser als vor den Resorts an Land sein. Der abgelegene Tschagos-Archipel hat zwar eine geringere Artenvielfalt, dafür aber viele endemische Arten.

## Der östliche Indische Ozean

Aus Bangladesch und Myanmar (Birma) kommen saisonal gewaltige sedimentbelastete Süßwasserzuflüsse, die die Riffentwicklung behindern. Die Andamanensee, Süd-Myanmar und West-Thailand bieten eine grandiose Unterwasserlandschaft mit mächtigen Granitfelsen und einigen guten kleinen Riffen. Der Nordwesten Malaysias weist einige Riffe und gute Artenvielfalt auf, leidet aber wie die Malakkastraße unter landwirtschaftlichen Zuflüssen.

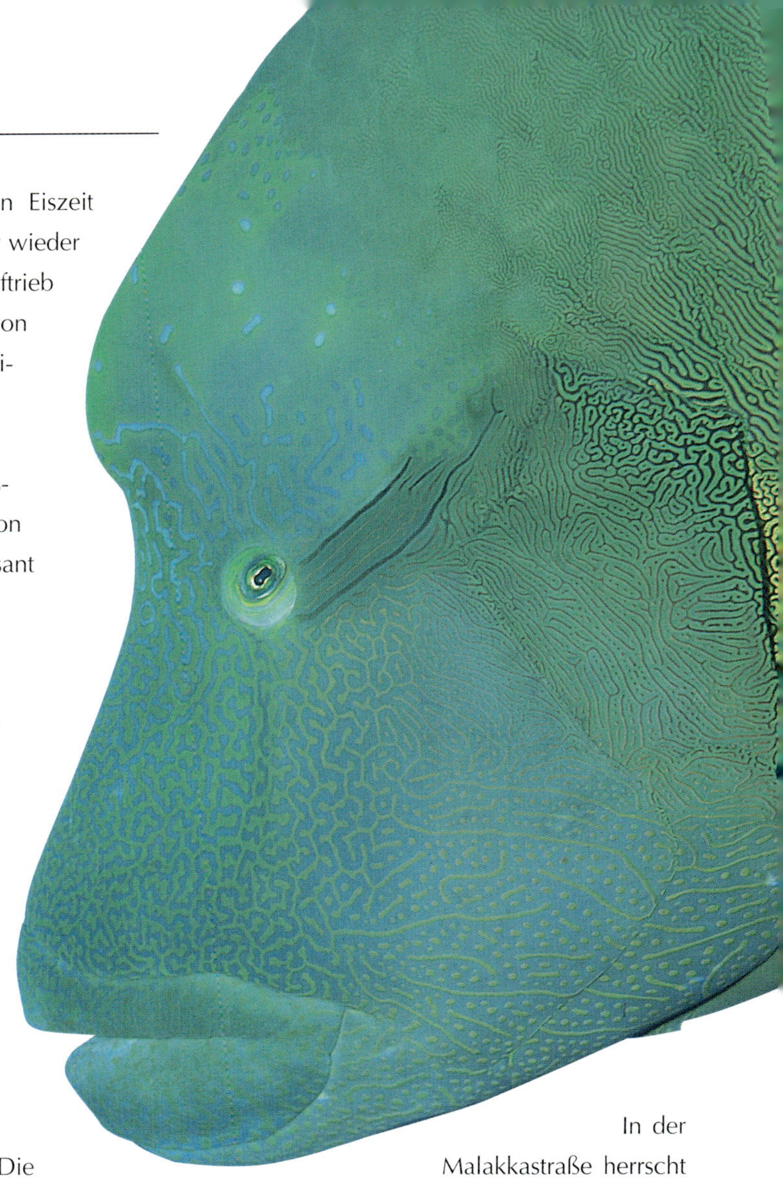

In der Malakkastraße herrscht außerdem starker Schiffsverkehr, und die Zuflüsse senken den Salzgehalt dieses Gebietes. Die wenigen kleinen Riffe haben jedoch eine recht gute Artenvielfalt.

Indonesien liegt inmitten der größten Korallen- und Artenpracht der Erde, doch das Fischen mit Sprengstoff ist weit verbreitet, und auf einigen Inseln gibt es landwirtschaftliche Zuflüsse. Wo der Mensch jedoch nicht gewütet hat, kann man herrlich tauchen, und die Tulamben Bay vor Bali z. B. bietet ein überwältigendes Meeresleben.

An der West- und Südküste Australiens kann man ausgezeichnet tauchen, vom tropischen Nordwesten bis zum gemäßigten Süden. Veranstalter am Ningaloo Reef boten als erste Flüge, um die Walhaie während der Laichzeit der Korallen zu beobachten, und bei den Robbenkolonien auf den Neptun-Inseln kann man sich im Käfig zu den Weißhaien hinunterlassen.

*Oben: Ein Napoleon-Lippfisch* (Cheilinus undulatus). *Rechts: Ein Schwarm Halsband-Falterfische* (Chaetodon collare) *an einem Maledivenriff.*

# WESTLICHER INDISCHER OZEAN

# SÜDLICHES AFRIKA

Stefania Lamberti, Judy Mann-Lang und Geoff Spiby

SÜDAFRIKA • MOSAMBIK • BASSAS DA INDIA

Der große Küstenstreifen von den Protea Banks vor dem südlichen Kwazulu-Natal bis zum Bazaruto-Archipel vor Mosambik bietet abwechslungsreichstes Tauchen in warmen, klaren Gewässern mit Haien, Wrack- und Höhlentauchen, Rifffischen aller Art, spannendem Nachttauchen und fantastischem Schnorcheln.

Die Tauchtiefen reichen von 2 m bis zu den ins Bodenlose stürzenden Steilwänden von Bassas da India in der Straße von Mosambik.

Es gibt weiter südlich gute Tauchgebiete, wenn man Weißhaie sehen möchte, aber die Protea Banks vor Margate sind das Richtige, wenn man in Gesellschaft vieler verschiedener Haie tauchen möchte. Jedes Jahr im August lockt das Aufkreuzen der Sardinen vor der Ostküste Südafrikas Haie an, und die Sandtiger kommen zum Fressen und Brüten zu diesem tiefen, wenig erforschten Riff. Später im Jahr tauchen Schwärme von Fischen auf, die unter anderem Stierhaie, Hammerhaie und gelegentlich auch Weißhaie anziehen.

Die *Nebo* und *Produce* bieten interessantes Wracktauchen bei der Aliwal Shoal, allerdings ist die Sicht durch einen Zufluss und industrielle Verschmutzung beeinträchtigt. Tauchgebiete wie Raggie Cave und Shark Alley versprechen außergewöhnliches Tauchen gemeinsam mit Haien.

Das Dorf Umkomaas, wo Tauchveranstalter sitzen, die die Aliwal Shoal anlaufen, liegt 40 Autominuten südlich von Durban. Margate ist von Durban über die N2 in etwa zwei Stunden zu erreichen.

Zur Sodwana Bay, Südafrikas Tauchziel Nummer eins, sind es mit dem Auto jedoch viereinhalb bis fünf Stunden von Durban nach Norden. Die vielen Korallenriffe, die man in dieser Bucht über Jesser Point erreicht, werden von Weichkorallen beherrscht. Sie beherbergen eine zahl- und artenreiche Fauna an Wirbellosen, Fischen, Walhaien, Rochen, Haien, Delfinen und Meeresschildkröten. In der Mabibi-Lagune etwas weiter nördlich kann man gut schnorcheln.

Die Riffe vor Ponta do Ouro und dem Bazaruto-Archipel, durch den Bürgerkrieg in Mosambik lange vor Übererschließung geschützt, erlauben heute gutes Tauchen an unberührten Riffen. Mit der Rückkehr der Stabilität im Land entwickelt sich auch Ponta do Ouro zu einem beliebten Urlaubsziel für Taucher. Die Inseln des einst für seine Perlbetten berühmten Bazaruto-Archipels bieten paradiesische Erholung an Riffen mit gesunden Korallen und einer reichen Fischfauna. Walhaie ziehen vorüber, und man kann sogar Dugongs beobachten.

Bassas da India ist für die meisten unerreichbar, bietet jedoch außergewöhnliches Tauchen in urtümlicher Umgebung.

*Vorige Doppelseite: Cousin Island in den Seychellen.*

*Links: Für den Nordosten Südafrikas und das südliche Mosambik typische Küstenlandschaft.*

*Oben rechts: In Jesser Point, Sodwana Bay, dem Toptauchgebiet Südafrikas, wird ein Boot zu Wasser gelassen.*

**Klima**
Subtropisch im Süden bis tropisch in Nordmosambik. Im Sommer (Dezember bis März) heiß und feucht.

**Beste Zeit**
Ganzjährig gutes Tauchen. Dezember/Januar können sehr heiß und feucht sein.

**Anreise**
Internationale Flüge nach Johannesburg (Südafrika) und Maputo (Mosambik). Bassas da India ist nur per Schiff zu erreichen.

**Wassertemperatur**
Durchschnittlich 24 °C.

**Sicht**
Allgemein gut, bei Aliwal Shoal jedoch Beeinträchtigungen durch Industrieeinleitungen möglich.

**Meeresleben**
Ausgezeichnet, viele Haiarten, Wale, darunter Buckelwale und Große Tümmler, Walhaie sowie eine Fülle von Sport- und Rifffischen, gesunde Korallen und viele Meeresschildkröten.

**Tauchtiefen**
Vom Tauchen im Flachwasser vor Aliwal, Sodwana und Bazaruto bis zu Tieftauchgängen bei Protea Banks, Cabo San Sebastian und Bassas da India.

**Schnorcheln**
Gut bei Sodwana, Mabibi, dem Bazaruto-Archipel und Bassas da India.

**Praktische Tipps**
Ab Sodwana nordwärts sollte man Vorkehrungen gegen Malaria treffen.

## SÜDAFRIKA

### Protea Banks

Jahrelang diente Protea Banks den Hochseefischern und einigen der wagemutigen südafrikanischen Harpunenfischern als Fanggrund. Trevor Krull, einer von ihnen, erschloss das Gebiet für den Tauchsport.

Protea Banks ist ein gestrecktes Sandsteinriff, das parallel zur Südküste von Kwazulu-Natal verläuft. Es ist etwa zehn Kilometer lang, misst an der breitesten Stelle 500 m und liegt vor dem Ferienort Margate acht Kilometer weit im Meer. Die Tauchtiefen bewegen sich zwischen 25 und 60 m, sodass das Riff relativ unberührt geblieben ist. Nur ein kleiner, vier Kilometer langer und 200 m breiter Bereich wird regelmäßig von Tauchern aufgesucht. Er beginnt bei Northern Pinnacles, einem mit Höhlen und Überhängen durchsetzten Gebiet. Die Tauchtiefe beginnt hier bei 30 m und geht bis 40 m, also ein dem erfahrenen Taucher vorbehaltenes Gelände, in dem ein Tauchcomputer anzuraten ist.

Die Taucher schwimmen von Northern Pinnacles nach Süden, folgen dem küstennahen Band, das den Nordteil des Riffs mit dem Südteil verbindet. Southern Pinnacles ist im Schnitt 30 m tief. Das abwechslungsreiche Gelände weist Höhlen und Rinnen auf, in denen man große und kleine Fische antrifft.

Protea Banks wimmelt von den unterschiedlichsten niederen Tieren, die zahllose Rifffische anziehen, doch nicht das macht seinen Ruf als außergewöhnliches Tauchgebiet aus. Die Taucher wagen sich hierher, um Haie zu sehen.

Protea Banks bietet in jeder Jahreszeit ein anderes Erlebnis. Die kältere Gegenströmung, die in den späten Wintermonaten und zu Beginn des Frühjahrs (August bis November) über das Riff zieht, bringt den Sandtiger. Diese Haie versammeln sich dort zum Paarungsritual. Träge umherschwimmend bevölkern sie die Höhlen, Rinnen und Nischen. Das zähnestarrende Maul geöffnet, dulden sie die Taucher mitten unter sich. Etwa zur gleichen Zeit, wo die Sandtiger Protea Banks aufsuchen, sorgt die Wanderung der Sardinen für einen Aufmarsch hungriger Raubfische. Kupferhaie verlassen ihre gemäßigtere Umgebung, um dem üppigen Nahrungsangebot zu folgen. Sie sind eigentlich Bodenbewohner, die sich von langsamen kleinen Fischen ernähren, doch im August können sie dem Gewimmel der Sardinen offenbar nicht widerstehen. Wenn im Oktober/November wärmeres

*Oben: Taucher beim aufregenden Ritt durch die Brandung auf dem Weg zu den Protea Banks.*
*Unten: Sand- oder Tigerhaie* (Eugomphodus taurus) *kommen von August bis November zum Fressen und Brüten zu den Protea Banks.*

Wasser Protea Banks umströmt, ziehen die Sandtiger fort und werden von tausenden von Sportfischen ersetzt. Das sind Dickkopf-, Schwarzspitzen- und Großaugen-Stachelmakrelen, Tupfen-, Gelbflecken- und Kap-Makrelen, Kobias, Große Jobfische, Barrakudas, Seglerfische, Wahoos und kleine Tunfische.

Diese Fische locken Stier- und gelegentlich auch Tigerhaie an (letztere überwiegend von Februar bis Mai). Beide Arten gelten als gefährlich, vor allem der Stierhai. Ihm werden viele der Angriffe auf Schwimmer und Surfer an der südafrikanischen Küste angelastet; unter Wasser scheinen sie jedoch fast Angst vor Tauchern zu haben und wagen sich nie nah heran.

Hammerhaie trifft man in dem Gebiet regelmäßig an. In Schwärmen schwimmen diese seltsam anmutenden Tiere wie Bombergeschwader an den Tauchern vorbei. Hammerhaie treten das ganze Jahr in Schwärmen auf, im Sommer sind sie jedoch am besten zu beobachten. Für andere Haie wie Schwarzspitzenhaie, Makohaie und den gelegentlichen Weißhai gibt es keine spezielle Zeit. Wenn sich der Jahreskreis schließt, sind zahlreiche Haiarten gekommen und gegangen, haben Sportfische die Gewässer bei Pretoria Banks bevölkert, und die ansässigen Fische gehen weiter auf Nahrungssuche. Stechrochen sind über das Riff geglitten, und Zitterrochen haben im Sand Beute gejagt.

Protea Banks besteht seit Jahrhunderten, unberührt und unerschlossen. Jetzt wird es erschlossen, nicht um ausgebeutet, sondern um geschützt zu werden.

*Oben: Ein großer Kartoffel-Zackenbarsch* (Epinephelus tukula) *und eine junge Schwarzgoldene Pilotmakrele* (Gnathanodon speciosus). *Rechts: Juwelen-Fahnenbarsche* (Pseudanthias squamipinnis) *zwischen Schwarzen Korallen bei Protea Banks.*

## Aliwal Shoal

Taucher erreichen Aliwal Shoal vom kleinen Umkomaas an der Südküste von Kwazulu-Natal, etwa 50 km südlich von Durban. Das ungefähr 5 km vor der Küste liegende Riff ist ca. 4 km lang und 300 m breit, mit Tauchtiefen von 5 bis 35 m. Die Bank wird von einem zentralen Rücken beherrscht, einer alten Sanddüne, die fast parallel zur Küste verläuft. Dieser Rücken weist zahllose Höhlen und Überhänge, Sockel und Rinnen auf, die alle aufregende Einblicke in das farbenprächtige Meeresleben geben.

Aliwal Shoal ist nach Sodwana das zweitbeliebteste Tauchrevier von Kwazulu-Natal und zieht jährlich schätzungsweise 40.000 Taucher an. Ein südlicher Ausläufer, Landers Reef, ist von der Rocky Bay direkt südlich von Scottburgh zu erreichen.

Die *Produce* und die *Nebo* dicht bei Aliwal Shoal bieten aufregendes Wracktauchen. Die *Nebo*, die 1884 auf das Riff lief und sank, ist mit Braunen Zäpfchenkorallen überwuchert und das Zuhause von Riesen-Zackenbarschen. Die *Produce* sank 1974 bei den Aliwal Pinnacles. Dieses Wrack ist unsicher und erfahrenen Tauchern vorbehalten und beherbergt ebenfalls einige Riesen-Zackenbarsche und mächtige Muränen.

Das Tauchen bei Aliwal Shoal ist nichts für Zaghafte. Die Fahrt durch die Brandung in der Mündung des Mkomazi hinaus aufs Meer kann recht heikel sein und erfordert einen erfahrenen Bootsführer. Hat man die adrenalintreibende Fahrt durch die Brandung jedoch einmal überstanden, ist man bereit für alles, was das Riff zu bieten hat – von den vielen Sandtigern und Stierhaien bis zu den neugierigen Riesen-Zackenbarschen und Delfinen.

Manchmal herrscht starke Strömung, sodass sich Strömungstauchen anbietet. Starke Brandung kann das Tauchen in den Höhlen und Rinnen gefährlich machen. Sie erkundet man am besten an ruhigen Tagen. Mindestvoraussetzung ist hier ein dem NAUI Open Water I entsprechendes Brevet.

Alawi Shoal ist berühmt für seine vielen Sandtiger, die sich dort versammeln. Diese Haie ziehen bei ihrer Brutwanderung nach Norden

*Oben: Tauchboote starten an der Mündung des Mkomazi durch die Brandung Richtung Aliwal Shoals. Unten: Unzählige Fische über der wilden Korallenlandschaft am Shoal.*

und sammeln sich jedes Jahr zwischen Juni und September bei dem Riff zur Paarung, bevor sie weiter nordwärts nach Mosambik wandern.

*Oben: Bartmuräne* (Gymnothorax breedeni).
*Mitte: Ein junger Trapez-Kaiserfisch* (Pomacanthus striatus). *Der erwachsene Fisch hat eine völlig andere Färbung.*
*Unten: Das korallenüberwucherte Wrack der* Nebo.

Die Sandtiger sehen zwar respekteinflößend aus, sind jedoch ziemlich sanftmütig und für den Menschen nur gefährlich, wenn sie bedroht werden. Die überlangen Zähne eignen sich zum Fassen von Fischen und Kalmaren. Sandtiger greifen normalerweise keine Beute an, die sie nicht ganz verschlingen können.

Das Riff ist mit unzähligen bunten wirbellosen Tieren und Algenarten bedeckt. Rotalgen und filtrierende Wirbellose beherrschen das Flachwasser, während die tieferen Riffbereiche mit farbenprächtigen Weichkorallen und Schwämmen bewachsen sind. Dem Farbkaleidoskop der wirbellosen Tiere steht die breite Palette bunter Tropenfische wie der Trapez-Kaiserfisch gegenüber. Bis heute hat man in dem Gebiet über 300 Fischarten bestimmt, darunter einige endemische wie den Harlekin-Fahnenbarsch.

Manchmal sieht man am Riff große, schnelle Sportfische, während an einigen Stellen ansässige Fische wie Zackenbarsche und Meerbrassen das Bild beherrschen.

### *Landers Reef*

Landers Reef bietet erfahreneren Tauchern in 25 bis 35 m Tiefe riesige Beete mit rosafarbenen Distelkorallen, über denen Schwärme von Fahnenbarschen stehen. Am Riff ebenfalls reichlich vertreten sind große Steinkorallenstöcke *(Stylophora sp.)*, eine Art, die nur vor Kwazulu-Natal zu finden ist.

Aliwal Shoal bietet aufregendes Allroundtauchen. Die atemberaubende Fahrt durch die Brandung, regelmäßig Haie, dazu herrliche Riffe, interessante Wracks und hunderte von Fischarten – Sie kommen überwältigt an Land zurück.

## Sodwana Bay

Sodwana Bay liegt 300 km nördlich von Durban an der Küste von Maputo. Es gilt als Südafrikas Tauchgebiet Nummer eins, und jährlich werden 100.000 Taucher dort gezählt. Das Gebiet ist Teil des Greater St Lucia Westland Park, eines herrlichen Schutzgebiets, das unter der Aufsicht der Naturschutzbehörde von Kwazulu-Natal steht.

Vom Naturschutzgebiet aus operieren einige einfache Tauchcamps. Die Riffe werden mit schnellen Außenbordern erreicht.

Die Riffe von Sodwana Bay sind klar getrennt, verlaufen parallel zur Küste und werden nach der Entfernung zum Ausgangspunkt in Jesser Point bezeichnet. Anders als die meisten Korallenriffe sind die Korallen von Sodwana auf Resten alter Sanddünen gewachsen, die in Zeiten niedrigerer Meeresspiegel entstanden sind. Geologisch sind die Riffe relativ jung – nur etwa 4.000 Jahre alt. Eine weitere Besonderheit ist, dass sie überwiegend mit Weichkorallen bewachsen sind, nicht mit Steinkorallen, wie die meisten echten Korallenriffe. Vielleicht liegt das daran, dass Weichkorallen weniger anfällig für die mächtigen Dünungswellen sind, die bei rauer See direkt über die Riffe gehen.

Sodwana Bay ist eine subtropische Übergangszone zwischen den Tropen im Norden und der warmen, gemäßigten Region im Süden. Das schlägt sich in einer großen Vielfalt an Fischen und niederen Tieren nieder. Hunderte Arten von Stein- und Weichkorallen sowie Schwämmen sind bis heute bestimmt worden. Da aber viele niedere Tiere noch nicht intensiv erforscht worden sind, warten wahrscheinlich noch weitere Arten auf ihre Entdeckung. Ein großer Teil der südafrikanischen Küstenfische sowie mindestens 25 Hai- und Rochenarten und über 400 Knochenfische sind in diesen Gewässern zu Hause.

Auf der Fahrt hinaus zum Riff kann man Walhaie, Delfine oder Meeresschildkröten beobachten, vielleicht auch einmal einen Buckelwal weiter draußen. Beim Abstieg zum Riff wird man unter Umständen von Schwärmen von Schnappern, Meerbarben und Zebrafischen begrüßt. Die konzentrierte Artenvielfalt tropischer Rifffische in diesem Gebiet ist einzigartig. Das verspricht ein Fest für Unterwasserfotografen, zumal viele Fische sich von Tauchern scheinbar kaum stören lassen.

Die Riffe sind sehr unterschiedlich geartet, sodass Taucher sowohl flache Teile mit Weichkorallen als auch abenteuerlichere Abschnitte mit Überhängen, Rinnen, Höhlen und Bögen

erforschen können. Die Tauchtiefen liegen zwischen 9 und 35 m. Einige Riffe sollten erfahrenen Tauchern vorbehalten bleiben, da sie in weiten Teilen mit empfindlichen Geweihkorallen bedeckt sind, die durch Taucher leicht Schaden nehmen können.

Unter den richtigen Bedingungen können Nachttauchgänge in Sodwana Bay etwas Besonderes sein. Dann kann man fressende Korallen beobachten, geschäftige nachtaktive Fische, die tagsüber selten zu sehen sind, und schlafende Haie. Die große Vielfalt und Unberührtheit der Stein- und Weichkorallen, dazu die überwältigende Rifflandschaft, die zahl- und artenreichen farbenprächtigen Rifffische sowie hunderte verschiedener niederer Tiere machen Sodwana Bay zu einem unvergesslichen Taucherlebnis.

***Mabibi Lagoon***

In der Mabibi Lagoon, 25 km nördlich von Sodwana, kann man ausgezeichnet schnorcheln. Der Taucher kann Unechte Karett- und Lederschildkröten, junge Kaiserfische, Drückerfische, junge Feuerfische, Falterfische, Riffbarsche, Schleim- und Doktorfische, Kraken, Nacktschnecken, Seeigel und Seegurken beobachten.

*Links oben: Jesser Point, Sodwana Bay.*
*Links unten: Ein Taucher mit Weißsaum-Soldatenfischen* (Myripristis murdjan) *in der Anton's Cave.*
*Oben: Ein Blauschwanz-Doktorfisch* (Acanthurus dussumieri).
*Rechts: Weichkorallen und Rifffische (überwiegend Juwelen-Fahnenbarsche) am Seven Mile Reef.*

**Klima**
Tropisch; Regenzeit November–April. Temperaturen im Schnitt 21–32 °C.

**Beste Zeit**
Ganzjährig, Dezember/Januar können jedoch sehr heiß und feucht sein. Im Sommer (September–Mai) sind Walhaie zu sehen.

**Anreise**
Direktflüge nach Maputo von Paris, Lissabon, Johannesburg und Harare. Anreise nach Ponta do Ouro am besten mit Geländewagen von Südafrika über den Kontrollposten Farazella (Ponta do Ouro). Alle vier Inseln des Bazaruto-Archipels verfügen über einen eigenen Flugplatz mit täglichen Charterflügen.

**Wassertemperatur**
Durchschnittlich 24 °C.

**Sicht**
Gut, aber schwankend, brandungsabhängig.

**Meeresleben**
Viele Sport- und Rifffische sowie Haiarten. Walhaie und Delfine sind häufig zu sehen. Der Bazaruto-Archipel beherbergt sechs Arten Meeresschildkröten und den scheuen Dugong.

**Tauchtiefen**
Durchschnittlich 25–40 m.

**Schnorcheln**
Vor den Inseln des Bazaruto-Archipels.

**Praktische Tipps**
Vorkehrungen gegen Malaria treffen.

## MOSAMBIK

Von der Südgrenze mit Südafrika bei Ponta do Ouro bis zur Grenze zu Tansania im Norden reicht die herrliche, 2.500 km lange Küste Mosambiks. Das Land war jedoch Jahrzehnte in einen schrecklichen Bürgerkrieg verstrickt, vor dessen Gewalt der Tourismus mehr und mehr zurückwich. Ehemals beliebte Ferienorte wurden von Einheimischen geplündert und zu Flüchtlingscamps. Das Land wurde ausgeraubt, doch die Riffe blühten auf, unberührt und vergessen.

Als der Krieg zu Ende war, wagte sich Mark Addison, ein furchtloser südafrikanischer Taucher, nach Mosambik in die einst idyllische Küstenstadt Ponta do Ouro. Als erster Sporttaucher erkundete er diese nirgendwo verzeichneten Riffe. Seit dieser Pioniertat sind einige Jahre vergangen, und heute sind Ponta do Ouro und das benachbarte Ponta Malongane blühende Ferienorte für Sportfischer, Sporttaucher und Schnorchler.

Die Tauchgebiete, die Addison entdeckte, sind heute weltberühmt. Sie säumen die Küste, bieten unterschiedliche Tauchtiefen und Geländeformen, vor allem bei Cabo San Sebastian – Tauchjuwelen aber sind Bass City, die Pinnacles bei Ponta do Ouro und die Riffe am Bazaruto-Archipel.

### Ponta do Ouro

#### *Bass City*

Bass City, fünf Korallenriffe in 25 m Tiefe, ist das Reich eines stämmigen Kartoffel-Zackenbarsches und seines Harems. Dieser liebevoll Bert genannte Zackenbarsch begrüßt Taucher immer sehr freundlich. Neugierig und ziemlich geräuschvoll nähert sich Bert und versucht, Lampen, Kameras oder Taucheruhren anzuknabbern. In seinem Schlepptau sind mehrere junge goldene Pilot-Makrelen, die unter dem massigen Fisch Schutz suchen. Wenn der Zackenbarsch über sandigen Stellen steht, stoßen sie dann und wann vor, um Krebse und Weichtiere zu packen.

Die fünf Riffe sind mit Weichkorallen, Schwämmen und Algen bedeckt, die sich in der Dünung wiegen. In Spalten lauern Muränen. Tausende von Glasbarschen und kleinen Fischen schweben in dichten Schwärmen, um sich zu schützen, sind jedoch leichte Beute für die schnellen Zackenbarsche, die mit aufgerissenem Maul in das Gewühl sprengen. Wo das Riff auf Sand trifft, liegen regungslos Feuerfische und warten, dass ahnungslose Beutetiere zu nahe kommen. Von einer dünnen Sandschicht bedeckt, warten Stech- und Zitterrochen darauf vorzustoßen. Marmorierte Zitterrochen sind häufig. Die langsamen Schwimmer versetzen ihrer Beute einen Stromschlag, der auch einen Menschen betäuben könnte. Stechrochen sind schneller und ernähren sich von im Sand versteckten Tieren. Der Stachel dient der Verteidigung. Achten Sie beim Tauchen auf die kleineren Tiere. Putzergarnelen begleiten oft Muränen, die ihnen Schutz bieten und Nahrung anlocken.

*Links oben: Mosambikanische Fischer bei der Arbeit.*
*Oben: Bass City ist für seine großen Kartoffel-Zackenbarsche* (Epinephelus tukula) *bekannt.*
*Mitte: Keilfleck-Falterfisch* (Chaetodon falcula).
*Unten: Dornenkronen-Seestern* (Acanthaster planci).

*Pinnacles*

Pinnacles liegt weiter draußen im Meer, bietet Tauchgänge bis 40 m und ist damit nur etwas für erfahrene Taucher.

Das Riff ist zwar reich an Korallen, Gorgonien, Schwärmen farbenprächtiger Schnapper und schimmernden Sportfischen, doch sind sie nicht der Grund, hier zu tauchen. Die Taucher kommen wegen der Haie; Stier-, Silberspitzen- und Schwarzspitzen-Haie patrouillieren in der Tiefe. Die beiden letzteren sind pelagische Arten und an Riffen selten zu sehen. Man weiß überhaupt wenig über sie, da sie schwer zu verfolgen, zu fangen und zu erforschen sind.

Die Tiefe lässt nur kurze Tauchgänge zu, und schon bald muss man wieder aufsteigen – aber die Unterwasserpracht folgt einem nach oben. In Schwärmen kommen und gehen Fische im Blau, vielleicht folgen Haie dem Taucher eine Weile, und wer Glück hat, erhascht einen Speerfisch.

Auf dem Weg zurück zur Küste hat man gute Chancen, Walhaie oder eine Herde Delfine zu sehen. Die Walhaie halten sich bei der Suche nach Planktonschwärmen nahe an der Küste. Das Tauchboot stoppt, die Insassen legen Maske und Schnorchel an und schwimmen gemeinsam mit diesen sanften Riesen. An diesem Küstenstrich sind einige Schwärme Großer Tümmler zu Hause. Sie haben sich an die Tauchboote gewöhnt und dulden Schnorchler in ihrer Mitte.

*Oben: Eine Seeanemone mit den dazugehörigen Weißrücken-Anemonenfischen* (Amphiprion akallopisos) *und Dreifleck-Preußenfischen* (Dascyllus trimaculatus).
*Rechts oben: Große bewaldete Sanddünen überblicken den Strand in Ponta do Ouro.*
*Rechts: Ein Taucher beobachtet das gespenstische Schauspiel einer im Wasser treibenden Qualle.*

## Bazaruto-Archipel

Die Sandbänke an der afrikanischen Ostküste steigen und fallen im Flachwasser des Indischen Ozeans und bilden gewundene, türkisfarbene Kanäle, in die Inseln eingestreut sind. Die frühen Seefahrer lockten diese Inseln mit Sklaven, Perlen und Gewürzen, den Tauchern heute versprechen die Riffe vor der Küste dagegen Naturschätze unter Wasser.

Der Bazaruto-Archipel liegt auf halbem Weg zwischen Maputo, der Hauptstadt Mosambiks, und Beira. Die fünf Inseln dieser Gruppe – Santa Carolina (oder Paradise Island), Bazaruto, Benguerra, Magaruque und Bangué – wurden vor etwa 30.000 Jahren vom Festland getrennt, als der steigende Meeresspiegel die Untiefen zwischen dem afrikanischen Festland und den Sanddünen überflutete, die die Küste gesäumt hatten. Hinter diesen Wanderdünen verfestigten sich überflutete Sandbänke zu Sandstein. Im Lauf der Zeit schufen die Gezeiten ein Labyrinth aus Höhlen und Rinnen, das den Unterbau der tropischen Riffe des Archipels bildete.

Die überlieferte Geschichte des Archipels beginnt nach 1700, als phönizische und portugiesische Seefahrer die Perlausterbänke entdeckten. Die Perlen sollen die Königin von Saba entzückt haben und denen von Ceylon ebenbürtig gewesen sein. Heute liefern diese Austernbänke den Küstenbewohnern Nahrung.

Diese Inseln waren aber nicht nur wegen der Austern eine wichtige Zwischenstation für die alten Seefahrer. Die Einheimischen sammelten Kaurimuscheln und tauschten sie bei den Seefahrern gegen Waren ein. Die Seefahrer verwendeten die Muscheln als Ballast und tauschten sie dann im Orient gegen Seide und Gewürze ein. Kaurimuscheln waren damals am Indischen Ozean ein verbreitetes Zahlungsmittel.

Die Untiefen zwischen den Inseln beherbergten auch die Sanddollars, eine Seeigelart. Diese ungewöhnlichen, waffelförmigen Geschöpfe haben winzige Stacheln, die beim Tod der Tiere ausfallen. In den mit Seegras gefüllten Lagunen leben die scheuen Dugongs, Säugetiere, die die Inselbesucher selten zu Gesicht bekommen.

Die natürlichen Attraktionen des Archipels beschränken sich nicht auf Plätze im Meer, sie umfassen auch die seichten Binnenlagunen und Süßwasserseen. Die Inseln sind ein Vogelparadies und beherbergen unter anderem Fregattvögel, Falken und Zugvögel wie Flamingos. Es gibt auf den Inseln auch einige endemische Schmetterlingsarten, und in den größeren Seen tummeln

sich Süßwasserkrokodile. Zwanzig Jahre Bürgerkrieg haben die Inseln vor Überentwicklung bewahrt. In seiner Blütezeit war Santa Carolina ein beliebter Ferien- und Fischerort. Im Krieg wurde der Ort aufgegeben und verfiel. Auch heute ist der Archipel noch relativ unberührt, hat ein Ferienhotel auf Bazaruto und Magaruque sowie zwei auf Benguerra.

Die Riffe verlaufen parallel zur Inselkette von 20 km nördlich von Santa Carolina bis hinunter

*Oben: Auf vielen Inseln des Bazaruto-Archipels von Mosambik gibt es Süßwasserseen. Unten: Rifffische bilden Schwärme zur Sicherheit, oder wenn sie laichen.*

nach Cabo San Sebastian, einem Ausläufer südlich der Inseln. Alle Riffe sind von den Inseln leicht mit dem Boot zu erreichen. Die Tauchtiefe reicht von praktisch Null bei Flut bis über 30 m bei Cabo San Sebastian.

Die gewaltigen Gezeitenbewegungen zwischen dem offenen Meer sowie den Untiefen zwischen Inseln und Festland können Wogen und wechselnde Sicht bewirken. Wenn die Flut kommt, bringt sie klares Wasser und Riesenschwärme pelagischer Fische. Bei Ebbe nimmt es aufgewühlten Sand und Partikel mit, was die Sicht erheblich beeinträchtigt.

Oben: *Die Region weist gesunde Korallen auf.*
Unten: *Die Riffe des Bazaruto-Archipels sind artenreich, mit Fahnen-, Zackenbarschen und Kaiserfischen.*

Diese ursprünglichen Riffe sind ein Paradestück unberührter Meeresumwelt. Zwischen den tropischen Zonen am Äquator und den subtropischen Zonen Südafrikas gelegen, sind sie dem gefährlichen Temperaturanstieg entgangen, der das verbreitete Ausbleichen der tropischen Riffe verursacht hat. Hier bilden die Steinkorallen noch eine gesunde Einheit mit den unzähligen sie bewohnenden niederen Tieren und Rifffischen. Pflanzenfresser schwelgen im üppigen Nahrungsangebot, während Makrelen aus der Tiefe kommen und die Rifffische jagen.

Zu den Riffbewohnern gehören Arten, die es nur hier gibt, wie der Afrikanische Forellenbarsch (*Plectropomus punctatus*) und der Trauerflossen-Falterfisch (*Chaetodon dolosus*), der selbst im Indischen Ozean selten ist. Schwärme von Stachelmakrelen und Barrakudas machen dies zu einem begehrten Ziel für Angler.

In den Höhlen und Rinnen des Riffs verbergen sich die unterschiedlichsten Bewohner. Junge Rifffische stehen schwarmweise im Dunkel der Grotten, geschützt vor Raubfischen und abseits der Strömung. Nachtaktive Arten ruhen tagsüber in den Höhlen und gehen nachts auf Beutejagd; unter ihnen sind auch einige Haiarten. Weißspitzen-Riffhaie liegen regungslos unter Überhängen; sie haben eine Atemtechnik entwickelt, dank der sie nicht mehr schwimmen müssen, um Wasser über die Kiemen zu leiten. Auf dem Sand zwischen den Riffen liegen getarnt Stechrochen und warten auf Beute. Dicht unter der Oberfläche folgen Walhaie auf ihrer ruhelosen Nahrungssuche der Küste.

### Cabo San Sebastian

Das aufregendste Tauchgebiet im Bazaruto-Archipel ist Cabo San Sebastian – ein Riff, das nur mit einem GPS-System zu finden ist. Es wurde zunächst nur von Sportanglern besucht, die von so großen Schwärmen berichteten, dass das Wasser brodele. Und die ersten Taucher, die dorthin kamen, bestätigten die Berichte. Scharen von Sportfischen bevölkern die Gewässer bis zum Riff in 30 m Tiefe. Über einen Meter lange Kartoffel-Zackenbarsche schützen ihre Harems vor Raubfischen, Graue Riffhaie patrouillieren am Rande des Riffs, und mächtige Meeresschildkröten ruhen sich in den Grotten aus.

Auch Mantas suchen das Riff auf. In der Strömung schwebend lassen sie sich von Putzer-

Lippfischen bedienen. Diese anmutigen Fische kommen zum Putzen oder zur Paarung zu den Riffen und bieten atemberaubende Bilder.

## BASSAS DA INDIA

Etwa in der Mitte zwischen Mosambik und Madagaskar ragt dieser submarine Tafelberg 3.000 m vom Boden der Straße von Mosambik auf. Nur wenigen war es bisher vergönnt, diesen Ort zu erleben, der unbewohnt und nur privat mit dem Schiff zu erreichen ist. Die französische Regierung hat Bassas da India zum Meeresschutzgebiet erklärt. Ein Kampfhubschrauber kontrolliert das Gebiet regelmäßig und vertreibt jeden, der sich dort aufhält.

Die Riffe bestehen aus den Hängen und dem 100 m breiten Rand des überfluteten Vulkans, der einen Durchmesser von etwa 11 km hat. Dieser Rand ragt bei Ebbe einen Meter aus dem Wasser und umschließt eine maximal 15 m tiefe Lagune. Bei Flut verschwindet das flache, felsübersäte Riffdach im Wasser.

Das wirklich Aufregende bei Bassas da India ist das atemberaubende Wandtauchen. Man gleitet über das sanft abfallende Riff über riesige Tischkorallen in 15 m Tiefe und kommt dann in etwa 20 m an den Rand der Steilwand. Mit einer Mischung aus Respekt und Vergnügen geht es hinunter bis auf 40 m, wo man sich von der Strömung an der Steilwand entlang treiben lässt. In Schwärmen tauchen Blauflossen-Makrelen aus der Tiefe auf, und eine mächtige, rosafarbene Gorgonie wird von einer Wolke rosafarbener Fahnenbarsche eingehüllt.

In 70 m – wo sich Sporttaucher nicht mehr aufhalten sollten – verschwindet die Wand (in Wirklichkeit ist sie unterhöhlt), und in der »blauen Ferne« huschen Dickkopf- und Regenbogen-Stachelmakrelen durch das Dämmerlicht. Als ich einmal einem vorbeiflitzenden Gelbflossen-Tunfisch nachblickte, bemerkte ich eine Gruppe Haie, die näher kamen. Im Nu war ich von drei Rudeln aus je 15 Hammerhaien umgeben, die sich mir bis auf 4 m näherten.

Eine der angenehmen Seiten des Tauchens bei

Bassas da India ist, dass man das Steilwandtauchen in flacherem Wasser beenden und auf sandigem Grund verteilte Korallenstöcke in 9 m Tiefe erkunden kann. Dort kann man schwarmweise Füsiliere, Fahnenbarsche und Papageifische sowie einzelne Zackenbarsche, Lipp-, Falter- und Kaiserfische beobachten.

### *Die Lagune*

In die Lagune führt nur ein Weg durch einen engen Kanal. Boote mit wenig Tiefgang schaffen es bei Hochwasser soeben. Die Lagune bietet einen sicheren Ankerplatz und ein mit Wracks übersätes Riffdach. Am berühmtesten ist das der *Santiago*, eines portugiesischen Ostindienfahrers, der hier auf dem Weg nach Goa 1585 sank. Bergungstaucher haben ungefähr 10.000 spanische Münzen, Smaragde, Schmuck, 20 Bronzekanonen und ein seltenes portugiesisches Astrolabium aus dem Wrack geholt. Unsere Expedition brauchte eini-

*Links: Ein Taucher bei einer riesigen rosa Gorgonie.*
*Mitte: Weißpunkt-Kofferfisch* (Ostracion meleagris).
*Unten: Das Riffdach ist mit Wracks übersät.*

ge Zeit, das Wrack zu finden, das wir schließlich anhand des 4,5 m langen Ankers auf dem Riffdach identifizieren konnten.

Wegen der großen Tiefe unternimmt man am besten nicht mehr als zwei Wandtauchgänge pro Tag und schnorchelt ansonsten so herum. Höhepunkte sind dabei: wenn man durch Riesenschwärme von Gelbrücken-Füsilieren schwimmt und hautnah Dickkopf-Stachelmakrelen begegnet.

Wir stießen auf eine große Fläche abgestorbener, mit Dornenkronen-Seesternen bedeckter Korallen. Es wird allgemein angenommen, dass dieser mörderische Seestern nur dort gedeiht, wo der Mensch seinen natürlichen Feind, das Tritonshorn, vernichtet hat, was bei Bassas da India allerdings nicht der Fall sein kann.

Bassas da India ist, auch wenn es schwer zu erreichen ist, sicher eines der ursprünglichsten und schönsten Tauchgebiete im Indischen Ozean. Der von Korallen überwucherte versunkene Vulkan mit seinen zahlreichen Wracks ist ein Paradies für das Leben im Meer.

---

*Oben: Der Rand des versunkenen Vulkans ist auf dieser Aufnahme von Bassas da India gut zu erkennen.*
*Rechts: Vor Anker an einem schmalen Sockel vor dem Riffdach.*
*Unten: Eine Distelkoralle* (Dendronephthya sp.).

# DIE INSELN IM SÜDWESTEN DES INDISCHEN OZEANS

Geoff Spiby, Lawson Wood und Judy Mann-Lang

KOMOREN • SEYCHELLEN • PEMBA

Diese verstreuten Inselgruppen im Südwesten des Indischen Ozeans haben einige schöne Tauchgebiete in vom Massentourismus noch relativ unberührter Umgebung aufzuweisen. Die Region bietet Tauchen jeder Art, vom außergewöhnlichen Steilwandtauchen bei den Komoren und vor der Insel Pemba über Wracktauchen, fantastisches Schnorcheln und spannendes Nachttauchen bis zum Tauchen inmitten von Walhaien im St. Anne Marine Park vor der Küste der Seychellen-Insel Mahé.

Die vier Inseln der Komoren oder Parfuminseln liegen am Nordende der Straße von Mosambik. Taucher können bei der Hauptinsel Grand Comoro eine lockere Atmosphäre und interessante Tauchgänge im Flachwasser genießen, das sich auch für das Nachttauchen eignet.

Die eigentliche Attraktion dieser Inseln sind die Wandtauchgebiete, von denen die besten etwas weiter draußen liegen. Die Perle ist zweifellos Banc Vailheu, wo die Taucher bei ausgezeichneter Sicht verschiedene Haie und große pelagische und Rifffische beobachten können.

Die ausgedehnte Inselgruppe der Seychellen hat einige gute Tauchgebiete. Es sind vermutlich die Reste vom Auseinanderdriften des afrikanischen und indischen Kontinents, auf deren isolierten Inseln sich endemische Tier- und Pflanzenarten entwickelt haben. Die herrlichen Inseln haben weiße Sandstrände und eine üppige Vegetation inmitten wilder Granitfelsen. Der Korallenbewuchs ist zwar nicht so reich wie im Roten Meer, doch wird das durch die zahl- und artenreiche Fischfauna mehr als wettgemacht.

Die Inner Islands bieten mit der *Ennerdale* gutes Wracktauchen, ausgezeichnetes Tag- und Nachttauchen bei L'ilot und einen Tieftauchgang bei Shark Bank. Im St. Anne Marine Park kann man schnorcheln, doch die meisten Besucher des Parks kommen wegen der vielen Walhaie, die im August und November hier auftauchen. Auch die Amiranten südwestlich der inneren Seychellen verfügen über einige hervorragende Tauchgebiete, darunter einen aufregenden Tunneltauchgang und die fischreichen Gewässer bei The Boulders.

Die Insel Pemba vor der Küste Tansanias bietet gutes Tauchen an farbenprächtigen Riffen. Nach Pemba kommen nur wenige Taucher, und die Korallen sind in gutem Zustand. Obwohl die recht große Inselbevölkerung in den umliegenden Gewässern ausgiebig fischt, ist die Fischfauna nach wie vor vielfältig, und man bekommt große Zackenbarsche, Lippfische und Tunfische zu Gesicht.

Die Sicht kann sehr gut sein, schwankt aber. Die Gegend ist reich an Korallen und anderen niederen Tieren – von denen viele erst noch bestimmt werden müssen. Es gibt aufregende Steilwände, und in der starken Strömung ist Strömungstauchen sehr beliebt. Auch gute Nachttauchgelegenheiten bestehen.

*Links: Die Riffe der Insel Pemba beherbergen neben vielen anderen Arten Doktorfische, Meerbarben und Falterfische.*
*Rechts oben: Ein ungewöhnliches Felsengebilde in Aldabra, Seychellen.*

**Klima**
**Komoren** und **Seychellen:** tropisch, mit heißer regenreicher Zeit von November bis April.
**Pemba:** Die Regenzeit ist hier später; stärkste Niederschläge von März bis Juli.

**Beste Zeit**
**Komoren** April–November
**Seychellen** April–Dezember
**Pemba** August–April oder Oktober–März

**Anreise**
**Komoren** Internationale Flüge nach Hahaïa auf Grand Comoro.
**Seychellen** Internationale Flüge nach Victoria auf Mahé.
**Pemba** Internationale Flüge nach Nairobi (Kenia) oder Daressalam (Tansania).

**Wassertemperatur** Durchschnittlich 27 °C.

**Meeresleben**
**Komoren** Wegen des Grundfischens sieht man keine Riesenschwärme großer Fische, aber kleinere Rifffische und Niedere Tiere gibt es in Mengen. Bei Banc Vailheu trifft man oft auf große pelagische Arten. Die Steinkorallen im flacheren Wasser sind infolge des El Niño von 1997–98 stark gebleicht.
**Seychellen** Über 900 Fischarten und die Chance auf viele große pelagische Arten. Im August und November kommen Walhaie zum Nationalpark St. Anne. Ziemlich umfangreiches Korallenbleichen.
**Pemba** Es gibt unzählige Rifffische und pelagische Arten, Haie einschließlich Hammerhaie und Niedere Tierarten. Im Flachwasser tritt Korallenbleichen auf.

**Klima**
Tropisch, durch kühle Winde gemildert. Von November bis Mai heiß und regnerisch; von Juni bis Oktober kühler und trockener. Durchschnittstemperatur an Land 25 °C.

**Beste Zeit** April–November.

**Anreise**
Internationale Flüge zum Flughafen Hahaïa auf Grand Comoro.

**Wassertemperatur** Durchschnittlich 27 °C.

**Sicht**
Schwankt zwischen 15 und 40 m.

**Meeresleben**
Arten- und zahlreich. Die Rifffische sind aufgrund ständigen Fischens überwiegend klein. Zu den seltenen Arten gehören große Langmaul-Pinzettfische. Es gibt viele pelagische Fische, vor allem bei Wandtauchgängen, und zahlreiche Steinkorallenarten und viele andere prachtvolle Wirbellose.

**Tauchtiefen** Von 10 bis 40 m.

**Schnorcheln**
Viele zum Schnorcheln geeignete Riffe, die aber zumeist nur mit dem Boot erreichbar sind.

**Praktische Tipps**
Nachweis der Tauchqualifikation erforderlich. In den meisten Fällen genügt Open Water 1, für Banc Vailheu ist jedoch Advanced Diver vorgeschrieben. Vorkehrungen gegen Malaria sind empfehlenswert.

## KOMOREN

Die Komoren liegen am Nordende der Straße von Mosambik zwischen der Ostküste Afrikas und der Nordspitze Madagaskars. Es sind vier Hauptinseln – Grand Comoro, Moheli, Anjouan und Mayotte – sowie einige kleinere Inseln mit einer Fläche von insgesamt 2.236 km$^2$.

Die arabischen Sultane nannten die Komoren wegen der vielen Vulkankrater an den Berghängen Mondinseln. Heute spricht man jedoch meistens von Parfuminseln, weil die schweren Parfums aus Ilang-Ilang und Vanille einer der Hauptexportartikel sind.

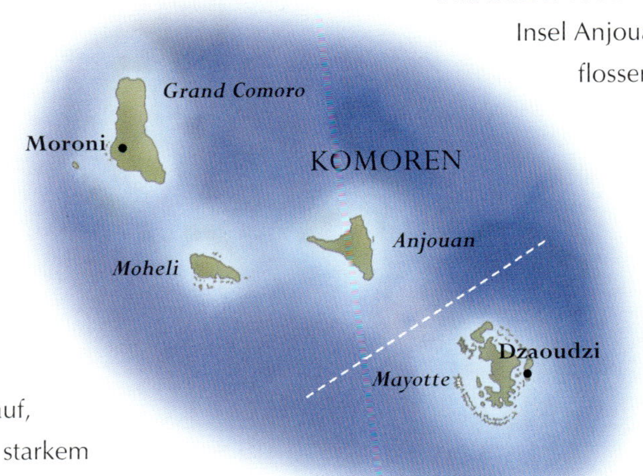


Die Inseln sind vulkanischen Ursprungs, steigen steil vom Meeresboden auf, der schwarze Fels in starkem Kontrast zu den sattgrünen Berghängen, dem tiefen Blau des Meeres und den langen weißen Stränden. Die Inseln wurden zunächst von Afrikanern eingenommen, dann von Arabern, Portugiesen und Franzosen regiert.

Die Islamische Bundesrepublik Komoren entstand 1975, wobei Mayotte sich entschied, unter französischer Herrschaft zu bleiben. Die Komorer sind ein Mischvolk aus Afrikanern, Arabern, Malaio-Polynesiern und Madagassen, islamischen Glaubens und sprechen Komorisch. Minarettbewehrte Moscheen, enge Gassen, alte Festungen und Dhauhäfen zeugen von tausend Jahren arabischem Einfluss.

Der Massentourismus hat die Komoren noch nicht erreicht, und die meisten Besucher kommen auf Grand Comoro (250.000 Einwohner) unter, einfach weil dort der Flughafen, die besten Hotels und der einzige Tauchveranstalter sind. Island Ventures ist eine Fünf-Sterne-PADI-Gold Palm-Tauchschule, die über 30 Tauchbootfahrten, Tauchunterricht mit Spezialkursen und die Steilwandtauchgänge bietet, für die die Komoren bekannt sind. Diese Tauchschule sitzt im Galawa Beach Hotel am Nordende von Grand Comoro. Die Insel ist 71 km lang, 34 km breit und wird vom Mount Karthala überragt, dem größten aktiven Vulkankrater der Welt. Der Nordkrater ist ständig aktiv, wenn normalerweise auch nur Dampf entweicht. Lava ist zuletzt 1972 ausgetreten.

Der erste lebende, der Wissenschaft bekannte Quastenflosser wurde 1938 vor East London an der Ostküste Südafrikas gefangen. Der südafrikanische Wissenschaftler J.L.B. Smith beschrieb die neue Art und bezeichnete die Quastenflosser als die möglichen Vorfahren aller Landwirbeltiere. 1952 wurde vor der Komoren-Insel Anjouan ein zweiter Quastenflosser gefangen. Seither sind vor Grand Comoro und Anjouan über 200 Exemplare gefangen worden, sodass die Komoren als ihre eigentliche Heimat gelten. Vor Südafrika, Mosambik und Madagaskar gefangene Tiere gelten als von den Komoren abgetriebene Exemplare. Sensationell war die Entdeckung einer neuen Quastenflosserart 1998 vor der indonesischen Insel Celébes.

Taucher werden einen Quastenflosser wohl kaum zu sehen bekommen, weil diese 200 m und tiefer leben. In der Tauchschule und im Nationalmuseum von Grand Comoro sind ausgestopfte Exemplare zu sehen.

*Links oben: Komorische Kinder in traditionellen Booten, so genannten Galawas.*
*Unten: Ein Sattel-Krugfisch* (Canthigaster valentini).

Auf den Komoren hat man zwei Möglichkeiten zu tauchen. Einmal an den flacheren, leicht abfallenden Riffen, die meistens mit einer kurzen Bootsfahrt von der Tauchschule zu erreichen sind. Sie bestehen überwiegend aus Steinkorallen und weisen Rinnen, Spalten und Überhänge auf. Große Fische sieht man dort kaum, da die Einheimischen regelmäßig fischen, kleinere Rifffische und andere interessante Riffbewohner sind jedoch reichlich vertreten, z. B. Krötenfische, Steinfische, Skorpionsfische samt Blattfischen, Feuerfische, Garnelen und verschiedene Nacktschnecken. In größerer Tiefe sind die Steinkorallen wunderbar (im Flachwasser ist es zum Teil zu Ausbleichungen gekommen), und Teile des Riffs sind mit kleinen, blauen Straußfederkorallen bedeckt.

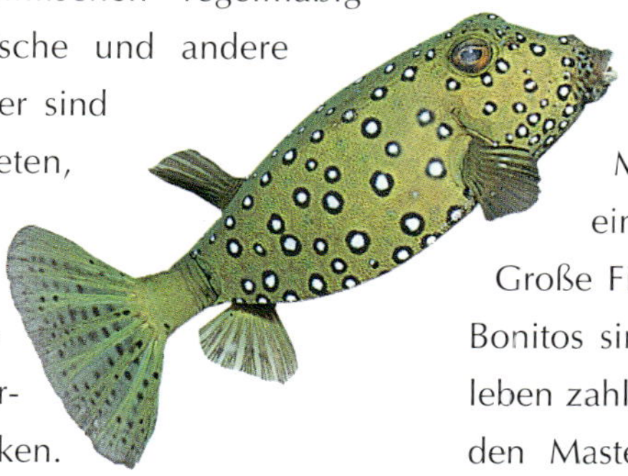

Als zweite Art kommt Wandtauchen in Betracht. Es gibt sehr viele Wände, die jedoch meistens ein, zwei Stunden Fahrt mit dem Boot erfordern. Bei diesen Tauchgängen sieht man die »alten Bekannten« – Große Tümmler, Haie, Mantas, Seglerfische, Speerfische und Walhaie. Häufig begleiten Delfine die Boote zu den Tauchgebieten.

Man kann auch eine Tauchfahrt zu den unbewohnten Inseln bei Moheli 92 km südlich von Grand Comoro machen. Tauchbedingungen und Meeresleben sind dort generell besser als bei Grand Comoro.

*Oben: Ein junger Gelbbrauner Kofferfisch.*
*Rechts: Schnorcheln vor der Insel Moheli.*
*Unten: Pilzkorallen* (Fungia sp.)

### *Wrack der* Masiwa

Dieser 74-m-Schleppnetzfischer wurde 1991 als künstliches Riff versenkt und liegt nur zehn Minuten mit dem Boot von Grand Comoro entfernt. Er hat insofern eine interessante Geschichte, als der berüchtigte Bob Denard 1978 damit 46 Söldner einschmuggelte und die marxistische Regierung der Komoren stürzte. Das Wrack liegt in 12 bis 35 m Tiefe, hat ein vielfältiges Meeresleben angelockt und bietet einen außergewöhnlichen Tauchgang. Große Fische wie Barrakudas, Tunfische und Bonitos sind oft hier zu sehen, und im Wrack leben zahlreiche Feuerfische und Muränen. Bei den Masten steht ein Schwarm Fledermausfische. Stein- und Weichkorallen besiedeln allmählich das Wrack, genau wie unzählige niedere Tiere. Ausgewiesene Wracktaucher können in das Schiff eindringen.

### *Hahaya Wall*

Eine einstündige Bootsfahrt die Westküste der Insel entlang bringt Sie zu einer Steilwand, die nur zehn Meter vor dem zerklüfteten Ufer aus Vulkangestein beginnt. Weichkorallen sind selten, für die Farborgie sorgt die grandiose Fischfauna: Große Tunfische, Kaiser-, Falter- und Papageifische sowie Schwärme von Fahnenbarschen. Hornkorallen und Amphorenschwämme zieren die steil abfallende und zuweilen senkrechte Riffwand.

Im Flachwasser über der Wand kann man einen schönen Sicherheitsstopp einlegen und dabei Muränen, Steinfische und andere Attraktionen bestaunen. Die im Allgemeinen leichte Strömung ist ideal fürs Strömungstauchen.

***Banc Vailheu***

Dies ist zweifellos *das* Tauchgebiet der Komoren. Nach zweieinhalb Stunden mit dem Boot ist man an dem 60 km vom Le Galawa Beach Hotel entfernten submarinen Tafelberg 19 km vor der Westküste von Grand Comoro. Der Tafelberg ragt aus 2.000 m Tiefe bis 10 m unter die Wasseroberfläche. Oben ist er flach, und der Nord- und Westrand fallen steil über mehrere Kilometer ab. In 10 m steigt man ziemlich steil über die Riffschulter ab, und ab 20 m geht es senkrecht hinunter zum Meeresboden. Die Sicht ist hervorragend, und man hat das Gefühl zu schweben, wenn man in 30 m Tiefe von der Strömung sanft die Wand entlanggetrieben wird. Kleine Grotten mit großen baumartigen Schwarzen Korallen markieren die Steilwand. Immer wieder stößt man auf riesige Hundezahn-Tunfische, Haie, Schwärme von Regenbogen-Stachelmakrelen, Blauflossen-Makrelen und Dickkopf-Stachelmakrelen, und gelegentlich sieht man auch Mantas, Wal- und Hammerhaie.

Wenn man über die Schulter der Wand von 20 auf 10 m aufsteigt, kommt man in einen Garten mit Stein- und Weichkorallen, in dem sich große Füsilierschwärme tummeln, sowie mit farbenprächtigen Seeanemonen und den dazugehörigen Anemonenfischen. Bereichert wird die Farbpalette durch Große Netzmuränen und Steinfische.

Das ebene Riffdach ist ziemlich karg, und beim Sicherheitsstopp lässt man sich im Flachwasser sanft von der Strömung treiben.

*Unten: Eine Weichkoralle* Sarcophyton trocheliophorum.

*Rechts: Eine Seeanemone mit Weißrücken-Anemonenfischen* (Amphiprion akallopisos) *bei Banc Vailheu.*

**Klima**
Von Mitte Mai bis Ende Oktober geht der Südostmonsun, die Windgeschwindigkeit übersteigt jedoch selten 24 km/h. Die stärksten Niederschläge fallen im Dezember/Januar, März und April sind die heißesten Monate. Durchschnittstemperatur an Land 27 °C.

**Beste Zeit**
April–November bieten die stabilsten Bedingungen. November ist der beste Monat für Walhaie. Das Unterwasser-Filmfestival SUBIOS findet ebenfalls im November statt.

**Anreise**
Internationale Flüge zur Hauptstadt Victoria auf Mahé.

**Sicht** Von April bis Mai am besten.

**Meeresleben**
Vielfältig, über 900 Fischarten, darunter Walhaie, hunderte von Niederen Tieren und Korallen. Einige der besten Nachttauchgebiete im Indischen Ozean.

**Tauchtiefen**
Durchschnittlich 18 m, beim Wrack der *Ennerdale* und der Shark Bank geht es jedoch tiefer hinunter.

**Schnorcheln**
Die Seychellen sind besonders bekannt für die hervorragenden Schnorchelbedingungen.

**Praktische Tipps**
Landeswährung ist die Rupie; US-$ sind die bevorzugte Wechselwährung.

## SEYCHELLEN

Die Seychellen mitten im Indischen Ozean sind auf über eine Million Quadratkilometer verstreut, fünf Inselgruppen mit zusammen etwa 115 Inseln. Geologisch bestehen sie aus Granit oder Korallen. Die bewohnten Inseln liegen überwiegend im nordöstlichen Teil des Archipels. Dort befinden sich Mahé, die größte Insel, ferner Praslin, La Digue, Silhouette und einige kleinere Granitinseln. Diese Inseln machen fast 50 Prozent der Landmasse der Seychellen aus und werden als Innere Inseln bezeichnet. Dazu gehören auch Denis und Bird Island, beides echte Koralleninseln. Die Äußeren Inseln sind dagegen ausschließlich Koralleninseln. Die Korallenatolle Aldabra und Farquhar, die am weitesten von Mahé entfernt sind, bestehen aus je zwölf Inseln, die Amiranten im Südwesten aus etwa 25 Inseln.

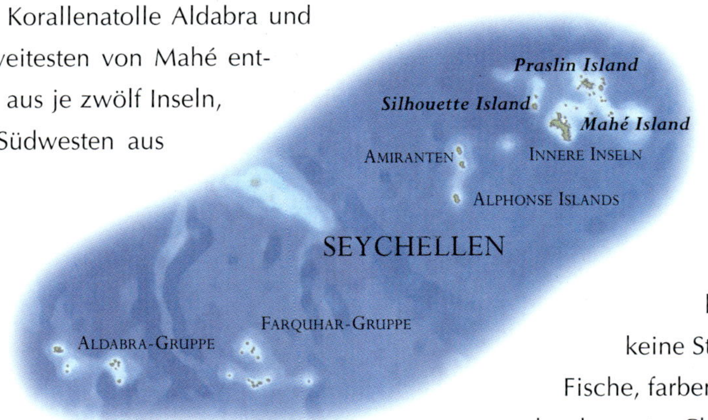


Die Seychellen sind Überreste der großen Teilung, in deren Verlauf Afrika und Indien im Präkambrium vor über 650 Millionen Jahren auseinandergedriftet sind. Wie bei den Galapagosinseln haben der vulkanische Ursprung, der Granitaufbau und die Insellage das Vorkommen seltener Pflanzen- und Tierarten begünstigt.

Die nördlich und nordöstlich von Madagaskar liegenden, 1.600 km von der afrikanischen Küste entfernten Inseln wurden erst im 18. Jahrhundert besiedelt. Die Inselbewohner sind ein buntes Völkergemisch aus Indern, Europäern, Asiaten und Afrikanern und kulturell genauso vielfältig. Die Landessprache ist Kreolisch, ein Dialekt mit französischen, englischen und afrikanischen Wurzeln.

Das subtropische Vallée de Mai auf der Insel Praslin, von General Gordon als Garten Eden gepriesen, weist viele alte Bäume und zahlreiche seltene Vogelarten auf, wie den Schwarzen Papagei. Die »verbotene Frucht«, die Coco de Mer, gibt es nur in diesem Tal. Die Herkunft der Baumfrucht, die ursprünglich einer Unterwasserpflanze zugeschrieben wurde, wurde erst 1881 geklärt.

Ein Besuch von La Digue, der Schwesterinsel von Praslin, ist wie eine Reise in die Vergangenheit, mit dem Fahrrad oder Ochsenkarren als einzigem Transportmittel. Die weißen Sandstrände von La Digue sind außergewöhnlich, die kleinen, abgeschiedenen Buchten inmitten sich wiegender Palmen werden von massiven Granitblöcken geschützt. Außer an ausgesetzten Stellen gibt es bei diesen Inseln kaum eine oder gar keine Strömung, aber viele Fische, farbenprächtige Korallen und sehr gute Chancen, pelagische Fische zu sehen wie Mantas, riesige Stechrochen und Walhaie. Bis auf den Tauchunterricht wird nur vom Boot aus getaucht; die meisten Tauchgebiete sind nur zehn oder 20 Bootsminuten von der Küste entfernt.

Die Seychellen haben vielleicht nicht so schöne Korallenriffe wie das Rote Meer, doch die überwältigende Fischfauna verspricht großartiges Tauchen.

### Die inneren Inseln

#### *L'ilot*

Nördlich der Beau Vallon Bay an der exponierten North Point von Mahé liegt das Graniteiland L'ilot – ein paar umherliegende Granitblöcke, einige vereinzelte Palmen und senkrechte Wände, an denen reges Meeresleben herrscht. In der engen Passage zwischen Insel und Ufer geht eine fast konstante Strömung, die der Grund für das reiche Meeresleben hier ist.

Die Südwand ist mit Braunen Zäpfchenkorallen bedeckt und mit Hornkorallen sowie

*Links oben: St. Anne Nationalpark, von Mahé aus.*
*Rechts oben: Strand auf der Insel Mahé mit den typischen Granitformationen.*
*Rechts unten: Ein Grauer Riffhai* (Carcharhinus amblyrhynchos) *vor einem Riff der Insel Praslin.*

kleinen Weichkorallen gesäumt, die in der Strömung um Halt ringen. In den schattigeren Bereichen des Meeresbodens stößt man immer wieder auf große Seeanemonen und die dazugehörigen Anemonenfische. Zwischen den vor der Küste liegenden Felsblöcken findet man zahlreiche kleine gesprenkelte Muränen inmitten von Putzergarnelen.

Wegen der fast ständigen Strömung dürfen hier nachts nur erfahrene Taucher tauchen, aber dann sieht man große Mengen Spanische Tänzerinnen und die in Symbiose mit ihnen lebenden Garnelen. Diesen fantastischen Tauchgang sollte man nicht versäumen.

### *Wrack der* Ennerdale

Die *Ennerdale* ist ein ehemaliger britischer 29.000-t-Tanker, 216 m lang und 30 m breit. Das 1967 gebaute Schiff war nur drei Jahre in Dienst. Es sank im Juni 1970 nach einer Kollision mit einem nicht kartierten Felsen elf Kilometer von Port Victoria entfernt. Es hatte 41.500 t Heizöl und Diesel geladen. Die 60 Mann Besatzung der *Ennerdale* wurden gerettet. Nachdem die britische Marine das Öl entsorgt hatte, wurde der Tanker von einem U-Boot torpediert und völlig zerstört.

Das Wrack liegt jetzt in drei Teile zerbrochen in 30 m Tiefe. Getaucht wird meistens beim Heckteil, der noch am intaktesten ist; das Ruderhaus und die Schraube sind gut zugänglich. Der Rest des Schiffes ist weitgehend zerstört, die Aufbauten liegen im Wesentlichen offen. Das Wrack wird allmählich von Weich- und Steinkorallen besiedelt, wobei in einigen oberen Bereichen Feuerkorallen vorherrschen. Je tiefer man taucht, desto häufiger trifft man auf Schwärme von Fledermausfischen, die einem den ganzen Tauchgang hindurch folgen.

Beim zerfetzten Bug sammeln sich gern Stechrochen und kleine Weißspitzen-Riffhaie, die jedoch im weiten Blau verschwinden, sobald man sich nähert. Die verbogenen Aufbauten sind recht interessant und ziemlich gut zu erkunden, da sie relativ offen sind. Wegen der Tiefe des Wracks schwimmt man besser zum Heck zurück, wo zahlreiche Muränen hausen und Schwärme von Fledermausfischen und Goldstreifen-Straßenkehrern um Ihre Aufmerksamkeit buhlen. Von dort kann man sicher und einfach am Ankertau zurück zum Tauchboot gelangen.

### *Shark Bank*

Shark Bank besteht aus mehreren massiven Granitblöcken und -pfeilern auf einer aus 30 m

Tiefe aufsteigenden Granitplattform. Das fast immer von Strömungen umspielte Felsplateau liegt gut 8 km nordwestlich von Mahé. Diese Pfeiler sind ein natürlicher Treffpunkt, an dem es von Fischen wimmelt, die man normalerweise in der Nähe des Festlandes nicht findet. Die Wände sind mit leuchtend orangefarbenen Schwämmen und weißen Hornkorallen bedeckt. Hier sind fast immer auch große Stechrochen zu sehen. Überall an dieser Felsenbank trifft man auf große Schwärme von Fledermausfischen, auf kleine Kofferfische, Büschelbarsche, Schnapper und Süßlippen, und auch Haie kann man sehen. Aufgrund der Tiefe sind Tauchgänge zeitlich eingeschränkt und auch keine Trainingskurse möglich.

### *St. Anne Marine National Park*

Der St. Anne Marine National Park liegt direkt vor der Hauptstadt Victoria. Die beiden größten Inseln sind St. Anne's (wo die Parkranger sitzen) und Cerf.

Einige der Inseln des Nationalparks sind von flachen Riffen umgeben, die bei Schnorchlern und Besuchern beliebt sind, die Ausflüge mit Glasbodenbooten machen. Hauptattraktion ist hier jedoch die Möglichkeit, gemeinsam mit Walhaien zu schwimmen. In diesem Schutzgebiet werden seit Jahren viele Walhaie beobachtet. Sie kommen während der Planktonblüte, die im August und November aus dem südlichen Indischen Ozean auf die Inseln zutreibt. Vor allem der November eignet sich zum »Bad« mit den Walhaien.

Nichts kann einen wirklich auf den massiven Adrenalinstoß vorbereiten, wenn man aus dem Boot ins Wasser gleitet und sich plötzlich einem »Monster der Tiefe« gegenübersieht. Wenn es mit geöffnetem Maul und riesigen, haiartigen Flossen auf Sie zukommt, sagt Ihnen der Verstand zwar, dass dieser Hai ein Planktonfresser ist, doch die Urinstinkte sagen Ihnen, dass dies eindeutig ein Hai ist und die Wissenschaftler sich vielleicht geirrt haben!

Bei einem unserer letzten Ausflüge in den Nationalpark war die Anspannung im Boot regelrecht spürbar, als wir auf die Hinweise des »Aufklärers« warteten, der über uns kreiste. Als der Funkspruch kam, fuhr das Boot sofort zu der Stelle, wo die Walhaie weideten, und wir konnten endlich ins Wasser und uns den Haien nähern.

Der Hai, der mich Winzling neben sich spürte, drehte sich zur Seite und sah mir in die Augen. Es ist ein unvergessliches Erlebnis, neben dem größten Knorpeltier der Meere zu schwimmen. Wie schnell diese Kolosse sind, merkten wir, als wir mit ihnen mithalten wollten. Hunderte von Schildfischen, Kobias, jungen Schwarzgoldenen Pilotmakrelen und tausende von Stachelmakrelen umschwärmten die fressenden Walhaie. Diese ernähren sich überwiegend von Plankton, dem Leben spendenden Gebräu der Meere. Das Knorpeltier, von der Form her ein Hai, aber mit walartigen Ausmaßen, hat eine feste Haut, Kiemen und einen mächtigen senkrechten Schwanz, durch dessen Seitwärtsbewegungen er sich fortbewegt. Mit 12 bis 14 m Länge ist er der größte Kaltblüter der Welt.

Walhaie sind selten weiter als 500 m von der Küste entfernt, da das Plankton in diesem Bereich am dichtesten ist. Wenn sich Taucher oder Schnorchler nähern, halten die Haie oft an und »stehen« auf dem Schwanz. Man sollte sich niemals an ihren Flossen festzuhalten versuchen oder auf ihnen reiten, da sie dann wie bei einem Angriff von hinten reagieren. Ein 12 m langes, 20 t schweres Knorpeltier, das plötzlich losstartet, kann Sie wie ein Stückchen Treibgut beiseite fegen.

*Oben: Der St. Anne Nationalpark bietet gutes Schnorcheln, vor allem aber Walhaie.*
*Links: Azurblaue Demoiselle* (Pomacentrus caeruleus).

**_Südliches Félicité_**

Die ziemlich exponierte Stelle liegt an der Südspitze der Insel Félicité, östlich der Insel Praslin. Dieser unbewohnte und nur mit dem Boot erreichbare Felsen hat eigenartig eingeschnittene Rinnen und durch die Gezeiten und Stürme geformte Schluchten. Das zerklüftete Gestein breitet sich in 18 m Tiefe fingerförmig aus, und dort können Taucher große Gruppen von Haien und Meeresschildkröten beobachten. Tagsüber entdeckt man dösende Ammenhaie, und der Meeresboden ist mit Indischen Kissenseesternen übersät.

Obwohl an dieser Ecke der Insel wenig Strömung herrscht, wogt die See des öfteren, was die Rückkehr zum Boot erschweren kann.

*Oben: Neben dem Walhai* (Rhincodon typus) *wirken der Schnorchler und die mitschwimmenden Fische winzig.*
*Rechts: Wolken von Fahnenbarschen umgeben ein Riff.*

**Klima**
Wie auf den anderen Seychellen-Inseln.

**Anreise**
Air Seychelles fliegt montags, mittwochs, freitags und sonntags ab Victoria auf Mahé. Das Tauchboot *Indian Ocean Explorer* meldet sich auch bei den Tauchern bei seinen regelmäßigen Fahrten nach Aldabra und den Äußeren Inseln.

**Sicht**
Von März bis Juni am besten.

**Meeresleben**
Noch vielfältiger als bei den Inneren Inseln; die meisten Arten im Indischen Ozean sind breit vertreten.

**Tauchtiefen**
Liegen im Schnitt zwischen 12 und 25 m, vor dem Sockel sind aber auch größere Tiefen möglich.

**Schnorcheln**
Hervorragend, da die Lagune ziemlich flach ist und von Fischen wimmelt. Bei guten Bedingungen ist das Schnorcheln über den tiefen Löchern und Kaminen am Rand des Dropoffs mit den erstaunlichen Formationen ein Erlebnis.

**Praktische Tipps**
Auf den Amiranten gibt es nur ein Tauchhotel, auf der Insel Desroches.
Die nächste Druckkammer befindet sich im Krankenhaus von Victoria auf Mahé.

## Die Amiranten

Die Amiranten oder Admiralsinseln liegen etwa 320 km südwestlich von Mahé und den Inneren Inseln und bestehen aus rund 25 Inselchen, Riffen und Atollen. Desroches ist die größte der Inseln mit einem eigenen Flugplatz, der auch das Desroches Island Resort versorgt.

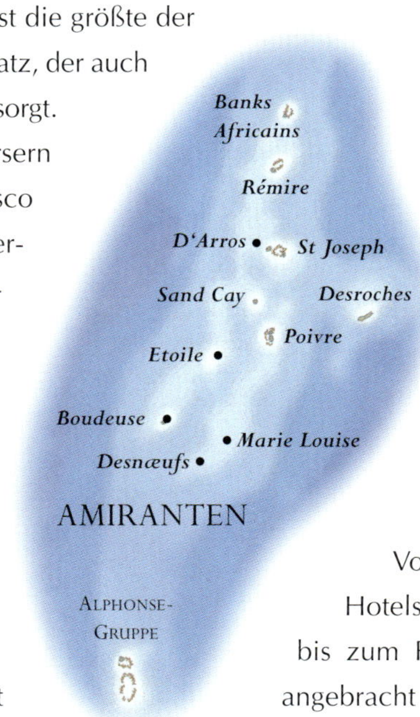


Die Inselgruppe, die den Persern schon bekannt war, bevor Vasco da Gama sie 1502 erstmals erblickte, war einst ein bedeutender Lieferant von Kokosnüssen für die Kopraproduktion. Heute sind die Inseln kaum noch bewohnt, und Desroches bietet exklusive Ferien vom Alltag.

Desroches ist der Südrand eines großen weitgehend überfluteten Atolls. Die Insel selbst ragt nur wenige Meter aus dem Wasser und war einst eine blühende Kokosplantage. Das kleine Dorf und die Landungsbrücke bergen die Überreste eines alten Hauses im Kolonialstil und Kopraanlagen, und auf den Straßen laufen wilde Ziegen und Hühner herum. Die Ferienanlage auf der anderen Seite der Insel ist ziemlich luxuriös und liegt nahe der kleinen Graspiste.

Vom Hotel zur Wand sind es mit dem Boot 15 Minuten, über eine große flache Lagune, in der man oft auf Adlerrochen und Ammenhaie stößt.

Einige vereinzelte Korallenstöcke sind ideale Nachttauchgebiete, aber am besten taucht man am Rand der Wand. Hier sind große Grotten in die Kalksteinplattform gewaschen worden und haben Zufluchtsorte für Fische und Korallen geschaffen. Große rote Gorgonien ragen in die Strömung, und es gibt im Überfluss Arten, die normalerweise nicht mit den nördlichen Inseln in Verbindung gebracht werden, wie Langnasen-Büschelbarsche, Imperator-Kaiserfische und drei Arten Anemonenfische.

### *Tunnel*

Vom Strand beim Tauchzentrum des Hotels sind es 15 Minuten mit dem Boot bis zum Rand der Steilwand, wo eine Boje angebracht ist. In 8 m Tiefe ist dort ein großes rundes Becken im Riffdach. Der Boden der Vertiefung befindet sich in 12 m und wird von einem langen Tunnel durchquert, der in 22 m außen an der Wand austritt. In diesem Becken suchen immer große Schwärme von Schnappern und Süßlippen Schutz.

*Links oben: Blick über Desroches, die größte Insel der Amiranten. Sie hat eine Ferienanlage mit Taucheinrichtungen und einen Flugplatz, ist also von Mahé mit dem Flugzeug zu erreichen.*
*Unten: Gelbe Zäpfchenkorallen* (Dendrophyllia sp.).

Am Tunneleingang trifft man tagsüber normalerweise auf einen schlafenden Ammenhai sowie auf einige Riesenmuränen in Begleitung verschiedener Putzergarnelen. Die Tunneldecke ist mit Braunen Zäpfchenkorallen bewachsen.

Am Tunnelausgang kann man sich nach links oder rechts wenden und an der tief eingeschnittenen Wand entlangschwimmen. Der Korallenbewuchs erscheint zunächst spärlich, es gibt jedoch leuchtend rote Hornkorallen und eine artenreiche Fischfauna.

***The Boulders***

Dieses Gebiet liegt etwa 15 bis 20 Bootsminuten entfernt weiter südöstlich am Rand der Steilwand. Am Riffrand befindet sich in 12 bis 14 m Tiefe eine große kreisförmige Vertiefung mit umherliegenden Felsblöcken. Die maximale Tiefe außen an der Wand beträgt 34 m, oben an den Blöcken 20 m. Diese Riffwand weist einige aufregende Höhlen, Tunnel und Bögen auf. Große rote Hornkorallen ragen in die Strömung, und in den schattigeren Bereichen gibt es massenhaft kleine rundliche Korallen und farbenprächtige Schwämme.

Wenn man ins Wasser steigt, ist man sofort von Schwärmen Orientalischer Süßlippen und Bengalen-Schnappern umgeben. Alle größeren Öffnungen auf dem Riffdach bilden Durchgänge auf das Riff draußen. In diesen Durchgängen sieht man regelmäßig Ammenhaie und zahlreiche Muränenarten.

Wenn man zur äußeren Riffwand kommt, stößt man auf große Bestände Schwarzer Korallen und leuchtend roter Gorgonien, zwischen denen Langnasen-Büschelbarsche leben, eine hier als selten geltende Art. Auf dem Riffdach und unter Überhängen findet man Blaupunkt-Stechrochen, und im Schatten lauern Juwelen-Zackenbarsche auf ahnungslose Beute. Am Rand des Korallensockels patrouillieren einzelne Barrakudas, und am Eingang der meisten Höhlen wachsen in großen Büschen Schwarze Korallen.

*Oben: Eine rosa Gorgonie als dramatischer Hintergrund für einige Rifffische, darunter ein Schwarm Juwelen-Fahnenbarsche* (Pseudanthias squamipinnis).
*Links: Ein Fächerwurm in der Strömung vor den Amiranten.*

**Klima**
Tropisch mit heißen Sommern (November bis März). Zwischen März und Juli starke Niederschläge und hohe Luftfeuchtigkeit.

**Beste Zeit**
August–April oder Oktober–März.

**Anreise**
Internationale Flüge nach Nairobi (Kenia) oder Daressalam (Tansania). Flüge nach Pemba von Mombasa (Kenia), Sansibar und Tanga (Tansania). Fähre von Shimoni (Kenia) oder Sansibar und Tanga. Kreuzfahrtschiffe fahren ab Mombasa.

**Wassertemperatur**
Durchschnittstemperatur 27 °C.

**Sicht**
Unterschiedlich, aber 20–50 m möglich.

**Meeresleben**
Großer Reichtum an Arten, von denen viele noch bestimmt werden müssen. Ursprüngliche Riffe mit einer Fülle Wirbelloser sowie pelagischen und Rifffischen.

**Tauchtiefen**
Vom Flachwasser bis zu Steilwänden, die in für Sporttaucher unerreichbare Tiefen abfallen.

**Schnorcheln**
Pemba ist ideal zum Schnorcheln, man muss jedoch auf die starke Strömung achten.

**Praktische Tipps**
Visum und Nachweis für Impfung gegen Gelbfieber erforderlich.

## TANSANIA

### Die Insel Pemba

Pemba liegt 30 km nordöstlich der Spitze Tansanias und etwa 50 km nördlich von Sansibar. Die Insel ist 60 km lang und etwa 20 km breit. Tauchen ist rings um die Insel möglich, konzentriert sich allerdings auf die Westseite. Es gibt herrliche neue Riffe zu entdecken, vor allem an der Ostseite der Insel.

Trotz 250.000 Bewohner ist die Insel noch ziemlich unerschlossen, und getaucht wird meistens von Booten aus, die von Kenia oder Tansania kommen. Kürzlich ist auf der Insel ein Tauchcamp eröffnet worden, und man kann mit kleinen Maschinen in Chake Chake landen oder eine Fähre von Kenia oder Tansania nehmen. Die Sicht unter Wasser kann gut sein, wobei 20 bis 50 m nichts Ungewöhnliches sind. Wegen der Nähe zum Äquator liegt die Wassertemperatur bei durchschnittlich 27 °C. Pemba bietet eine einmalige Gelegenheit, Riffe zu erkunden, die noch nicht die Narben von schlecht tarierten Tauchern tragen.

Aufregendes Wandtauchen ist eine der Attraktionen von Pemba und der umliegenden kleineren Inseln. Bei diesen außergewöhnlichen Tauchgängen kommt man vom kristallklaren Flachwasser an Steilwände, die über 200 m in die Tiefe stürzen. Die Wände sind bedeckt mit ungezählten Arten von Wirbellosen – die

vielen Fischarten müssen erst noch gezählt werden. Es ist ein Paradies für Naturschützer, und sicher warten noch zahllose Arten auf ihre Entdeckung.

Im Flachwasser herrschen kleine, kräftige Korallen vor, wohl weil sie den starken Wellengang besser vertragen. Hier wie an den äußeren Riffabhängen gibt es farbenprächtige, feine Korallen, wobei die Kaskaden der Rinnenkorallen an den Steilabhängen besonders hervorzuheben sind. Noch tiefer, wohin nur noch wenig Licht vordringt, findet man eine Fülle schöner gelber Gorgonien und Peitschenkorallen.

Emerald Reef am Südende der Insel ist mit grünen Korallen bewachsen, sodass es wie ein Garten wirkt. An diesem Riff trifft man auf viele große pelagische Fische sowie auf eine große Artenvielfalt kleiner, bunter, tropischer Fische. Hier leben bis in 30 m Tiefe zahlreiche große Zackenbarsche.

*Linke Seite oben: Insel Pemba bei Sonnenuntergang.*
*Linke Seite unten: Ein Taucher erkundet Pemba Crack.*
*Rechts oben: Fischerboote auf dem Meer.*
*Die Einheimischen fischen viel, doch die Artenvielfalt ist noch groß.*
*Rechts: Eine leuchtend rote Gorgonie.*
*Unten: Kleine Rifffische über einer Ansammlung von Korallen.*
*Folgende Doppelseite: Juwelen- und Gelbschwanz-Fahnenbarsche* (Pseudanthias squamipinnis *und* P. evansi) *vor Pemba.*

Obwohl die Einheimischen in diesem Gebiet viel fischen, gibt es nach wie vor mächtige Napoleon-Lippfische, Süßlippen, Schnapper, Kobias, Barrakudas und Tunfische. Auch Haie samt Hammerhaien sind vertreten, bei Manta Point selbstverständlich auch Mantas, dort allerdings bei oft schlechter Sicht.

Wegen der starken Strömungen ist Strömungstauchen hier die Norm. Die vielen nachtaktiven Arten machen Nachttauchen vor Pemba zu einem unvergesslichen Erlebnis. Auch schnorcheln lässt sich hier gut. Aber Vorsicht wegen der starken Strömung.

Der urtümliche Zustand der Korallen in größeren Tiefen macht Pemba zu einem besonderen Taucherlebnis.

# DAS ROTE MEER

Jack Jackson und Lawson Wood

ISRAEL · ÄGYPTEN · SUDAN

Das Rote Meer füllt die 1.930 km lange Senke an der Verwerfungslinie zwischen der Afrikanischen und Indischen Platte im nördlichen Bereich des Ostafrikanischen Grabensystems. Seit Urzeiten ein Verkehrsweg für arabische Handelsschiffe, wurde es zur großen Durchfahrtsstraße für die Schifffahrt, als 1869 der Sueskanal eröffnete.

Das Rote Meer, das an der breitesten Stelle 350 km misst, ist bei Bab el Mandeb im Süden durch einen schmalen Zugang mit dem Indischen Ozean verbunden und hat demzufolge fast keine Gezeiten. Die hohen Temperaturen der umliegenden Wüste, die starke Verdunstung, der minimale Zufluss von frischem Wasser und die vulkanische Tätigkeit machen es zum salzhaltigsten Meer der Erde. Die Vulkantätigkeit erwärmt das Wasser südlich des Sudan auf bis zu 30 °C. Die Folge: ein reiches Ökosystem mit mehr als 400 Korallenarten und fast genauso vielen Fischen und niederen Tieren wie das Große Barriere-Riff. Das Rote Meer, das durch Hans Hass und dann Jacques Cousteau bekannt wurde, steht heute allen Tauchern offen.

Für viele Taucher sind die Gewässer vor dem nördlichen Ägypten das Rote Meer, und der Tourismus dort hat sich enorm schnell ausgeweitet. Vor 25 Jahren war ein Ausflug zum Sinai, nach Hurghada oder Safaga eine Expedition, und es war damals einfacher, nach Port Sudan zu kommen. Seitdem sind im israelischen Eilat, bei Sharm El Sheik, Hurghada und Safaga in Ägypten Ferienhotels wie Pilze aus dem Boden geschossen, und weiter südlich werden neue gebaut. Die Folge waren lokale Flughäfen für Charterflüge und ein beispielloser Preisverfall aufgrund des scharfen Wettbewerbs. Der explosionsartig ausgeweitete Tauchtourismus ist nicht ohne Probleme geblieben. Als Antwort auf Riffschäden durch ankernde Boote haben Taucher aus Hurghada und Safaga 1992 die Hurghada Environmental Protection and Conservation Association (HEPCA) gegründet. Unterstützt von der United States Agency for International Development (USAID) und der Egyptian Environmental Affairs Agency (EEAA), wurde die HEPCA 1995 beim Gouvernement Rotes Meer und dem Sozialministerium als Nicht-Regierungsorganisation eingetragen. Die Vereinigung setzt und überwacht feste Vertäubojen, schult Bootspersonal und Taucher und reinigt Strände und Inseln. Die HEPCA ist bis hinunter zu den Brothers Islands, Daedalus Reef, Gezîret Zabargad und Rocky Islet im Einsatz.

Der Sudan hat dagegen Einbußen hinnehmen müssen. Um dorthin zu kommen, müssen Taucher Geduld haben. Von Port Sudan verkehren zwar Tauchkreuzfahrtschiffe, und Khartum wird von Fluggesellschaften angeflogen, doch es kann Zollschwierigkeiten wegen der Kamera- oder Videoausrüstung geben, und Flüge nach Port Sudan sind Glückssache. Dennoch lohnt die Mühe, denn Tauchen bei Schaab Rumi, Sanganeb oder dem Wrack der *Umbria* ist grandios.

*Links: Elphinstone Reef.* *Rechts oben: Ein Taucher blickt durch ein Bullauge im Wrack der* Thistlegorm.

Tauchen im Roten Meer

**Tauchtiefen**

Viele Tauchgänge in 30–40 m Tiefe für erfahrene Taucher, 25 m reichen jedoch völlig, um die meisten interessanten Dinge zu sehen. Nicht vergessen: Die einzige funktionierende Druckkammer steht in Sharm El Sheik. Tauchen Sie also mit Bedacht.

**Schnorcheln**

Achten Sie auf Stellen mit Strömung, wo es Haie geben kann – sie halten einen Schnorchler unter Umständen für einen Fisch in Bedrängnis und greifen ihn an.

**Auftrieb**

Testen Sie bei Ihrer Ankunft den Auftrieb, wenn Sie nicht mit dem Tauchen in diesem extrem salzhaltigen Wasser vertraut sind.

**Schutzkleidung**

Sie ist notwendig zum Schutz gegen Feuerkorallen und Hydrozoen. Nachts sind auch Feuerfische ein Problem.

**Ohrenentzündungen**

Sie sind bei Tauchern wie Schnorchlern häufig und gehen meistens auf Pilze zurück. Es empfiehlt sich, nach jedem Tauchgang ein Mittel zum Ohrentrocknen zu nehmen.

**Ausrüstung**

Die Tauchveranstalter in Sinai und Südägypten haben nur einen begrenzten Bestand an Ausrüstung vorrätig. Taucher sollten deshalb komplett ausgerüstet sein, Ersatzteile, rezeptpflichtige Medikamente, Dekongestionsmittel, Batterien und Filme mitbringen. Im Sudan kann man keine Ausrüstung kaufen.

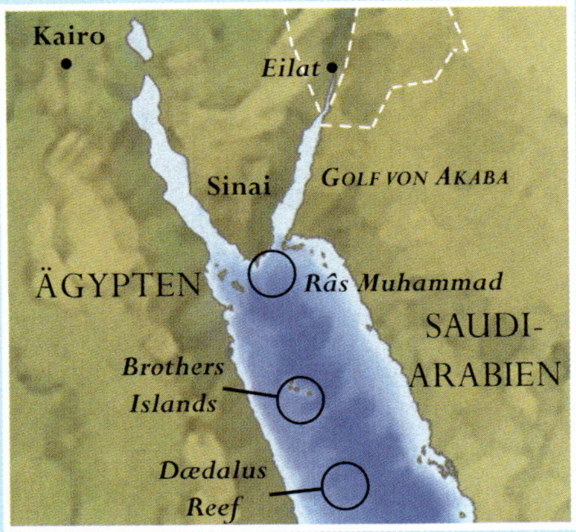


**Klima**

**Eilat** und **Sinai**: Im Winter warm und trocken, Durchschnittstemperatur 20 °C; im Sommer heiß und trocken, durchschnittlich 35 °C. Vor Sinai kann im Winter ein starker Wind wehen, deshalb warme Kleidung einpacken.

**The Brothers, Daedalus** und **Elphinstone:** Dank ablandiger Winde angenehme Temperaturen im Sommer.

**Beste Zeit**

**Eilat** und **Sinai:** Mai–September.

**The Brothers** und **Daedalus:** Mai–Juli.

**Elphinstone:** April–September.

**Anreise**

**Eilat:** Charterflüge landen auf dem Militärflughafen Ovda, 40 Minuten Autofahrt entfernt. **Sharm El Sheik:** Direkte Charterflüge nach Sharm El Sheik, oder Anschlussflüge über Kairo; 15 Minuten mit dem Auto. **Hurghada:** Charter- oder Anschlussflüge über Kairo nach Hurghada.

**Wassertemperaturen**

**Eilat** und **Sinai:** Im Sommer durchschnittlich 25 °C, im Winter 19 °C.

**The Brothers, Elphinstone** und **Daedalus:** Im Sommer durchschnittlich 27 °C.

**Sicht**

In Eilat ca. 12 m wegen der Schiffe. Ansonsten mindestens 20 m, im tiefen Wasser 30–40 m.

**Meeresleben**

Sinai und Südägypten haben dichten Stein- und Weichkorallenbewuchs, Hornkorallen, andere niedere Tiere, Riff- und pelagische Fische.

## ISRAEL

### Dolphin Reef

Auch wenn Delfine offenbar gern vor der Druckwelle eines schnellen Bootes herschwimmen, begegnen Taucher ihnen im Wasser selten. Es hat zwar einige Begegnungen mit Großen Tümmlern (*Tursiops truncatus*) gegeben, und in der Karibik hat man vereinzelt Delfine zum Kontakt mit Menschen bewegt. Eine ähnliche Einrichtung gibt es in Dolphin Reef beim Hafen von Eilat oben im Golf von Akaba.

Ein großes Gebiet im Meer, etwa 12 m tief und mit Netzen abgeriegelt, beherbergt mehrere Große Tümmler, die in Russland und Japan gerettet wurden. Trotz des Ortswechsels scheinen sie sich wohl zu fühlen, und viele der Weibchen haben auch schon Junge zur Welt gebracht. Die Delfine können über das Netz in die Freiheit springen und tun es zuweilen auch, kommen aber meistens bald mit Narben von Schiffschrauben auf dem Rücken wieder. In der Anlage gibt es auch viele Rifffische, Muränen, Kobias sowie einige sehr große eingewöhnte Stechrochen. Seelöwen aus einer kleineren benachbarten Anlage springen regelmäßig über das Netz, um ebenfalls ihren Spaß mit den Delfinen, Tauchern und Schnorchlern zu haben.

Es ist schon des öfteren von der positiven Wirkung berichtet worden, die Menschen mit Depressionen oder Gemütsleiden erleben, wenn sie gemeinsam mit Delfinen schwimmen. Dolphin Reef ist auf diese speziellen Bedürfnisse eingestellt, auch auf Blinde und Rollstuhlfahrer. Ein Betreuer muss jeden Patienten begleiten. Schnorchler kommen über das Netz in die Anlage, Taucher durch einen Schiebevorhang am Boden. Die Delfine hören, wenn der Vorhang geöffnet wird, und kommen sofort mit lebhaften Klick- und anderen Geräuschen angeschossen. Erwarten Sie nicht, dass sie posieren – nach einer kurzen Überprüfung der Ankömmlinge sowie eventueller essbarer Mitbringsel stürmen sie wieder davon.

Im Lauf eines Tages sehen die Delfine hunderte von Tauchern, so dass ihr Interesse bald erlahmt; man bucht am besten den ersten Tauchgang des Tages, wenn die Tiere meistens noch etwas neugieriger sind.

Die Delfine und Stechrochen werden von Booten aus gefüttert und von Hand im Wasser – wenngleich der dabei aufgewirbelte Sand die Sicht noch schlechter macht. Es ist viel gegen die Haltung von Meeressäugern in Ozeanarien angeführt worden, doch diese Tiere können entweichen, wenn sie wollen. Streiten kann man darüber, ob sie nach einem Leben in Gefangenschaft im offenen Meer überleben können, auf jeden Fall kann man hier Delfine aus nächster Nähe sehen und vor allem Kindern den Gedanken des Naturschutzes nahe bringen.

*Oben: Das Aquarium und Unterwasserobservatorium am Dolphin Reef, Eilat.*

*Unten: Füttern eines Großen Tümmlers vom Boot aus.*

*Rechts: Taucher und Delfine können interagieren.*

## Große Tümmler

*Delfine sind kleine Zahnwale und wie wir warmblütige, atmende Säugetiere, die lebende Junge zur Welt bringen. Die meisten echten Delfine haben einen Schnabel und eine markante Rückenflosse. Der Große Tümmler* (Tursiops truncatus) *kann 4,2 m lang und 650 kg schwer werden. Die Zähne beim Delfin sind alle gleich, scharf und keilförmig – er hat weder Backen- noch Schneidezähne. Das Alter eines Delfins kann man an den Wachstumsringen ihrer Zähne ablesen, wie bei einem Baum.*

*Delfine unterscheiden sich von Tümmlern, die einen runden Kopf haben, durch einen Schnabel, und haben außerdem eine größere Rückenflosse. Tümmler haben darüber hinaus im Querschnitt abgeplattete Zähne.*

*Das dank der Meeresparks und der Forschung wahrscheinlich bekannteste Waltier, der Große Tümmler oder Flaschennase, hat einen kurzen, stämmigen Schnabel und einen biegsameren Hals als andere Delfine. Es gibt beachtliche Schwankungen in der Farbe, doch im Allgemeinen sind sie an der Oberseite hell- bis schiefergrau, an den Seiten gegenschattiert und am Bauch hell rötlichgrau. Der Bauchbereich ist manchmal getupft. Die Tiere im Indischen Ozean sind oft dunkler als die im Pazifik. Die gebogene Rückenflosse sitzt nahe der Rückenmitte, und die Männchen sind größer als die Weibchen.*

*Die Großen Tümmler leben weltweit in gemäßigten und tropischen Gewässern und sind oft in Häfen, Buchten, Lagunen und Flussmündungen anzutreffen. Es gibt zwei Unterarten: die öfter vertretenen Küstenexemplare und die kleineren Exemplare im offenen Meer. Es spricht einiges dafür, dass Populationen letzterer im Herbst von den gemäßigten Gewässern zum Äquator wandern und im Frühjahr zu den reicheren Fanggründen zurückkehren. Eine zusammengehörende Gruppe Großer Tümmler wird Herde genannt. Sie besteht normalerweise aus weniger als 15 Tieren, man hat aber auch schon Herden von über 1.000 Tieren gesehen. Sie finden sich häufig in Gesellschaft von Grindwalen.*

*Die Küstenform der Großen Tümmler lebt von Fischen und Kalmaren und treibt Schwarmfische oft zu einem dichten Haufen zusammen – in den sie dann vorstoßen. Manchmal treiben Delfine Fische ins Flachwasser – oder auf Schlamm- oder Sandbänke, wo die Delfine dann manchmal selbst stranden –, um sie zu fangen. Die im offenen Meer lebende Unterart kann mehr als 600 m tief tauchen und bodenbewohnende Fische fangen.*

*Große Tümmler werden 25 bis 30 Jahre alt. Die Männchen werden mit etwa elf Jahren geschlechtsreif, die Weibchen mit fünf bis sieben Jahren. Die Tiere sind ganzjährig sexuell aktiv, die Weibchen jedoch nur im Frühjahr und Sommer fruchtbar. Die Tragzeit beträgt zwölf Monate. »Ammen«-Delfine geleiten Neugeborene oft an die Oberfläche, wo diese ihre ersten Atemzüge tun.*

*In trübem Wasser orten Delfine ihre Beute mit Hilfe eines Echolots. Durch die Stirn werden »Klick«-Laute ausgesandt, deren Echo mit dem Kiefer aufgefangen wird und den Tieren ein Bild der Beute vermittelt, selbst wenn sie im Sand vergraben ist. Delfine verständigen sich mittels persönlicher Pfeiflaute.*

## ÄGYPTEN

### Râs Mohammed Nationalpark

Dieser berühmte, 1983 entstandene Nationalpark liegt an der Südspitze der Halbinsel Sinai und trennt den Golf von Sues im Westen vom Golf von Akaba im Osten. Bei seiner Eröffnung bestand der Park nur aus der unmittelbaren Umgebung Râs Mohammeds sowie den Inseln Tiran und Sanafir. Heute reicht er von den Riffen von Schaab Mahmûd im Westen über die Straße von Tiran und Râs Nasrani bis nach Râs Abu Galum, das fast auf halbem Weg an der Ostküste der Halbinsel nach Israel liegt.

Diese in Jahrtausenden entstandene Landspitze aus Korallenkalkstein beherrscht die Küste, weist den nördlichsten Mangrovenwald der Erde, kilometertief abstürzende Steilwände, submarine Berggipfel und eine breite Palette von Tauchgängen in ganz unterschiedlichen Lebensräumen auf. Die Riffe und Wände sind berühmt für die Vielfalt an Steinkorallen, bunten Weichkorallen und farbenprächtigen Ansammlungen von Fahnenbarschen. Mächtige Napoleon-Lippfische wetteifern inmitten von Fledermausfisch- und Schnapperschwärmen um die Aufmerksamkeit der Taucher. Große Muränen sind ebenso häufig wie Skorpions- und die gefürchteten Steinfische.

Die südliche, von Beduinen bewohnte Sinaihalbinsel hat sehr heiße, trockene Sommer, praktisch keine Feuchtigkeit und minimale Niederschläge. Temperaturen unter Null in der winterlichen Wüste stehen oft fast tropische Wassertemperaturen gegenüber. Der Gegensatz zwischen der kargen Mondlandschaft und den herrlichen Riffen mit ihren farbenfrohen Korallen und dem reichen Meeresleben in allen Farben und Formen ist gewaltig und lässt Taucher immer wiederkommen. Die Sicht liegt im Allgemeinen bei über 30 m, hängt jedoch, wie in allen Weltmeeren, von jahreszeitlichen Veränderungen ab. Die Planktonblüte im Frühjahr und Herbst trübt die Sicht jeweils für kurze Zeit. Die Wassertemperatur reicht von 28 °C im Sommer bis unter 20 °C im Winter.

Trotz geringer Gezeitenbewegungen – nur 1 m während der Tagundnachtgleiche – kann es vor Râs Mohammed zu starken Unterwasserströmungen kommen. Taucher sollten deshalb Vorsicht walten lassen.

Getaucht wird überwiegend von Booten aus, die die Taucher in zwei Stunden von Sharm el Sheikh herausbringen. Auf dem Programm stehen zwei Tauchgänge zu den unter Wasser liegenden Inseln im Park, Essen inklusive. Für den

*Oben: Luftaufnahme von Râs Mohammed.*
*Links: Eine Seeanemone* (Gyrostoma helianthus).
*Oben Mitte: Ein junger Napoleon-Lippfisch* (Cheilinus undulatus). *Hier sind sie recht zutraulich.*
*Rechts: Ein Riff mit Feuer- und Steinkorallen.*

Park ist Eintritt zu zahlen, und alle Ausländer müssen dem Tauchshop ihren Pass vorlegen. Es kann voll werden, und da es nur wenige Plätze zum Muren gibt, liegen die meisten Boote dicht nebeneinander, wenn getaucht wird.

***Râs Za'atar***

Râs Za'atar, offiziell im Nationalpark Râs Mohammed gelegen, ist das letzte Riff vor der fjordartigen Bucht Marsa Bareika. An dieser exponierten Landspitze taucht man am bestens morgens, wenn die Sonne bis hinunter zu den großen Bäumchen-Weichkorallen scheint.

An dieser Steilwand, die in für Taucher unerreichbare Tiefen stürzt, gibt es gewaltige unterhöhlte Schluchten. Wenn man sich der Ecke nähert, wird die Strömung meistens stärker, und in den Grotten nahe der Oberfläche wimmelt es von Glasbarschen, die von Feuer- und Husarenfischen belauert werden. Um die Ecke in der geschützten Marsa Bareika tummeln sich hunderte von Schwarzfleck-Kugelfischen. Einige große Höhlen werden von Weichkorallen und Schwarzen Korallen gesäumt und von unzähligen Fischen bevölkert.

## Das Rote Meer in Tatsachen

*Niemand weiß, warum das Rote Meer, auf Arabisch El Bar Ahmer, rot genannt wird. Es könnte von den Sonnenuntergängen, den Sandstürmen oder der »roten Planktonflut« herrühren, zu der es gelegentlich kommt, doch das gibt es auch an anderen tropischen Gewässern. Einige meinen, weil das Mittelmeer wegen der weißen Kalksteinfelsen an seinen Ufern im Arabischen El Bar Abyad (das Weiße Meer) heißt, sei das Rote Meer nach dem Licht benannt, das durch den Sand und Staub der Wüstenküste zerstreut wird.*

*Das Rote Meer reicht zwar vom Golf von Sues im Norden bis nach Bab el Mandeb (Tor der Tränen) im Süden, es gibt aber verschiedene Gründe, warum nur die nördliche Hälfte bei Tauchern Anklang findet. Der Hauptgrund sind die Kosten: Charterflüge und der Wettbewerb zwischen den vielen Veranstaltern haben Eilat in Israel, Akaba in Jordanien und ganz Ägypten erschwinglich gemacht, und auch der Sudan steht dem kaum nach.*

*Seit dem Bau des Sueskanals 1869 ist das Rote Meer ein viel befahrener Schifffahrtsweg. Wo es sich im Golf von Sues verengt, staut sich der Verkehr; außerdem sind dort Erdölfelder, sodass es nördlich der Jubalstraße kein Sporttauchen gibt. Saudi-Arabien hat einige gute Tauchgebiete, allerdings leiden einige Gegenden in Häfennähe unter Gastarbeitern aus dem Fernen Osten, die mit dem Speer fischen. Saudi-Arabien lässt erst seit kurzem Touristen ins Land, jedoch keine Taucher, sodass Sporttauchen nur von denen betrieben wird, die dort arbeiten.*

*Vor dem Bürgerkrieg in Äthiopien hatte Eritrea bei Tauchern einen guten Namen, allerdings ist die Sicht generell schlecht. Eritrea befindet sich im Krieg mit Äthiopien und hat darüber hinaus Hanish Kebir besetzt, die schönste Tauchinsel des Jemen. Der Internationale Gerichtshof hat zwar die Besitzansprüche des Jemen bestätigt, doch jedes Boot, das sich den Hanish-Inseln nähert, wird beschossen. Der Jemen bietet gutes Tauchen und wurde bei Tauchern immer beliebter, doch die Politik und der Tod einiger Touristen haben das Interesse erlahmen lassen.*

*Das sehr salzhaltige Rote Meer ist das Ergebnis der 1,27 cm pro Jahr auseinander driftenden Landmassen Afrikas und Europas. Die Riff bildenden Korallen, die in Symbiose mit Zooxanthellen leben, wachsen aufgrund des klaren Wassers tiefer hinunter als in den meisten anderen Korallenmeeren. Das an das Rote Meer grenzende Land ist überwiegend gebirgig und hat im Uferbereich flache Sandebenen. Ägypten hat kaum Niederschlag oder bebautes Land, und es fließen auch keine Flüsse von dort ins Rote Meer.*

*Das Rote Meer gehört zu den tiefsten Meeren – zwischen Port Sudan und Jiddah ist es 3.040 m tief. Dort hat man 60 °C heiße Solquellen gemessen, was bedeutet, dass die Sole beim Austritt über 100 °C heiß ist. Im Roten Meer gibt es auch einige Felsinseln mit Korallenriffen, die bis einen halben Meter unter die Wasseroberfläche reichen. Bei niedrigem Wasserspiegel im Sommer ragen sie manchmal aus dem Wasser.*

*Als europäische Taucher das nördliche Rote Meer entdeckten, ging es nur um küstennahes Tauchen vom Boot aus. Wegen der Hitze im Sommer wurden Eilat, die Sinai-Küste und die Küste südlich von Hurghada beliebte Winterziele. Auf dem freien Meer kann es jedoch stark winden, sodass das Tauchen im Sommer angenehmer ist.*

*Wo die Jubalstraße und die Straße von Tiran zusammentreffen, herrschen oft tückische Winde und Strömungen. Dort kommen passionierte Wracktaucher auf ihre Kosten. In der Straße von Tiran dürfen Tauchboote wegen der vielen Taucher nur Tagesausflüge unternehmen. Kreuzfahrtschiffe sind hier unerwünscht.*

**_Râs Mohammed_**

Râs Mohammed an der Spitze der Sinaihalbinsel ist das wohl bekannteste Tauchgebiet im Nationalpark mit einigen wirklich herrlichen Tauchmöglichkeiten vom Flachwasser bis in für Sporttaucher maximale Tiefen.

Das an vielen Stellen unterhöhlte Shark Reef ist nicht nur für Taucher ein Paradies, sondern auch für unzählige Schwarmfische, vor allem im Sommer, wenn Fledermausfische, Barrakudas, Kaiserfische und Stachelmakrelen hier zusammenkommen. Die Wand beim Shark Reef ist mit farbenprächtigen Weichkorallen bedeckt, und an den tieferen Hängen findet man große Gorgonien.

Das zweite unter Wasser liegende Riff heißt jetzt Jolanda Reef, nach dem Schiff, das hier mitsamt seiner Ladung aus Toiletten- und Spülbecken, Tiernahrung, einem BMW, Gasrohren und Zement sank. Bei einem heftigen Sturm 1987 rutschte es über die Kante des Kontinentalsockels, und zurück blieb die verstreute Ladung.

*Oben: Die Landspitze bei Râs Mohammed im Süden des Sinai im warmen Abendlicht.*

*Links: In der Straße von Tiran liegen zahllose Wracks. Das Bild zeigt von vorne nach hinten: Gordon, Thomas, Woodhouse und Jackson Reef. Links auf dem Gordon Reef steht ein Leuchtturm, der die Schiffe vor dem Riff warnen soll – im Fall des Frachters allerdings vergeblich. Von den vier Riffen eignen sich Jackson und Thomas Reef zum Tauchen am besten.*

Hier gibt es viele Krokodils- und auch Feuerfische, und im Flachwasser kann man auf den tödlichen Steinfisch treffen. Das Gebiet, das vor allem wegen seiner gewaltigen Steilwände und der purpurfarbenen Rotmeer-Weichkorallen (*Dendronephthya klunzingeri)* berühmt ist, bietet drei unter Wasser liegende Inselriffe, das Wrack der *Jolanda* und ein kompaktes Plateau in Ufernähe, wo man Unmengen von Seeanemonen samt Anemonenfischen beobachten kann.

Taucher sollten allerdings auf den Riesen-Drückerfisch achten, der das Gebiet bewacht. Er ist sehr aggressiv und verteidigt sein Territorium gegen ahnungslos eindringende Taucher mit scharfen Zähnen.

Jenseits dieses natürlichen Amphitheaters sieht man gerade noch den Anfang der ins Bodenlose stürzenden Wand von Râs Mohammed. Die weitgehend unterhöhlte Wand ist eine bewegliche Masse aus Fahnenbarschen, die das Meer vor einem erleuchten, wenn man in der fast ständigen Strömung vorbei treibt.

Beim Sattel zwischen den beiden Inseln stehen Schwärme von Fledermausfischen und Blauschuppen-Straßenkehrern. Die Wände tragen hier gewaltige Hornkorallen, jede offenbar mit einem eigenen Langnasen-Büschelbarsch.

## Dornenkronen-Seestern

*Der Dornenkronen-Seestern* (Acanthaster planci) *erreichte in den 1960er- und 1970er-Jahren unliebsame Berühmtheit, als Korallenriffe im Indo-Pazifik nach einer Populationsexplosion großflächig zerstört wurden. Einige machten dafür die Dezimierung der natürlichen Feinde wie Tritonshorn, Kugel- und Drückerfisch verantwortlich. Andere erklärten, dass die Gebiete am schlimmsten betroffen seien, wo Sprengstofffischen, Hafenausbauten, Ausbaggern und Wasserverschmutzung vorkämen, was die kleineren Lebewesen und einige Korallen reduziere, die Dornenkronen im Ei- und Larvenstadium fressen. Ein Weibchen kann pro Jahr 12 bis 24 Millionen Eier produzieren.*

*Die explosionsartige Vermehrung der Dornenkronen scheint zum Teil mit dem Abfluss vom Land und der Zerstörung der als Barriere dienenden Mangroven zusammenzuhängen. Der nährstoffreiche Abfluss vermehrt das Phytoplankton, von dem sich die Dornenkronenlarven ernähren. Bohrungen im Großen Barriereriff zeigen jedoch, dass solche Populationsexplosionen schon immer gegeben hat.*

Acanthaster planci, *etwa 30 cm groß, mit bis zu 23 Armen, die mit 3 bis 5 cm langen Stacheln bedeckt sind, ist von Grau über Orange bis purpurfarben. Die Dornenkrone frisst lebende Korallenpolypen, bevorzugt von Geweihkorallen. Dazu stülpt sie ihren Magen so über die Koralle, dass die Verdauungssäfte direkt in Kontakt mit dem Korallengewebe kommen. Die Verdauung beginnt also bereits vor der Aufnahme der Nahrung in den Mund.*

*Die Dornenkronen kehren so lange zur selben Koralle zurück, bis diese restlos tot ist. Bei Ansammlungen werden Neuankömmlinge zu der Koralle gelockt, die bereits von einer Dornenkrone gefressen wird. Wahrscheinlich geschieht das durch beim Fressen abgesonderte Chemikalien.*

*Normalerweise sind Dornenkronen nachtaktiv und verbergen sich tagsüber in Spalten. Zu größeren Ansammlungen kommt es auf natürliche Weise, wahrscheinlich im Zusammenhang mit Brut- oder Fressgewohnheiten.*

*Man hat immer wieder versucht, massenhaft auftretende Dornenkronen zu vernichten, jedoch nie mit durchschlagendem Erfolg. Verletzte Seesterne können sich regenerieren, und die chemischen Spritzen, die ihnen den Rest geben, sind teuer, langsam und ineffizient. Der einzig sichere Weg besteht darin, sie einzusammeln, an Land zu bringen und zu vergraben oder zu verbrennen.*

*Links: Das Tritonshorn frisst Dornenkronen-Seesterne.*
*Unten: Die zerstörerische Dornenkrone* (Acanthaster planci), *die bei massenhaftem Auftreten Korallen in Teilen des Indopazifiks vernichtet hat.*

**Wrack der *Thistlegorm***

Die 4898 t große, 126 m lange *Thistlegorm* wurde 1940 in England gebaut und stach mit Nachschub für die 8. britische Armee, die in Alexandria stationiert war, in See. Da die Deutschen und Italiener das Mittelmeer weitgehend kontrollierten, nahm sie den Umweg um das Kap der Guten Hoffnung und wurde durch das Rote Meer nach Sues eskortiert.

Vollgepackt mit militärischem Gerät, lag sie am 6. Oktober 1941 mit anderen Schiffen vor Schaab Ali und wartete auf die Erlaubnis, in den Sueskanal einzulaufen, als sie von zwei deutschen Bombern angegriffen wurde.

Zwei Bomben trafen das Heck mit dem Geschütz. Die Explosion riss ein riesiges Loch in das Schiff und setzte es in Brand. Neun Besatzungsmitglieder wurden getötet. Auf den Seekarten nach dem Krieg war das Wrack als eine Gefahr für die Schifffahrt eingetragen, und Jacques Cousteau konnte es Anfang der 1950er-Jahre ohne weiteres finden und einige Gegenstände bergen. Er filmte das Wrack und schrieb ein Buch darüber, beides unter dem Titel *Das lebende Meer*. Bei den einheimischen Fischern geriet das Wrack erstaunlicherweise in Vergessenheit.

Anfang der 1990er-Jahre erinnerten sich Taucher des Schiffes und fanden es auch bald wieder. Wegen der oft schlechten Sicht und starken Strömung war dort nicht so gut zu tauchen wie etwa bei der *Umbria*, doch dafür ähnelte die *Thistlegorm* einem Kriegsmuseum. Unter den Sitzen der Motorräder konnte man Werkzeugtaschen finden, Ammenhaie und Riesen-Zackenbarsche lagen zwischen den Trümmern, und die Handläufe waren mit Korallen und Schwämmen überwuchert. Die Wiederentdeckung machte bald die Runde, und die Taucher erschienen in Scharen – und auch die Wrackräuber.

Heute ähnelt die *Thistlegorm* einem Supermarkt für Militaria nordöstlich von Shag Rock, östlich der Südspitze von Schaab Ali, nordwestlich von Râs Mohammed. Sie liegt fast aufrecht da, leicht nach Backbord geneigt, bis auf den Bug, der stark nach Backbord abfällt. Der Bug befindet sich in 30 m Tiefe, Schraube und Ruder in 32 m, die Aufbauten ragen bis 12 m unter die Oberfläche, und die geladenen Lokomotiven sind nach links und rechts gekippt.

Die Bedingungen schwanken, aber wenn man früh dort ist, ist es immer noch ein aufregender Tauchgang. Die Laderäume bergen ein ganzes Kriegsarsenal, und der Rumpf dient als Substrat für Stein- und Weichkorallen sowie Schwämme und beherbergt fast alle Rifffische des Roten Meeres.

*Links oben: Meerbarben* (Parupeneus sp.) *vor der korallenbewachsenen Reling des Wracks der* Thistlegorm.
*Links unten: Ein Langnasen-Krokodilsfisch* (Thysanophrys chiltonae).
*Unten: Im Laderaum des Wracks liegt immer noch Militärausrüstung, wie dieses Motorrad.*
*Rechts: Das Wrack der* Thistlegorm *wird erkundet.*

## Schaab 'Abu Nuhâs

Auf halbem Weg zwischen der Sinaihalbinsel und dem ägyptischen Festland liegt nördlich der Insel Shadwan ein kleines submarines Riff, Schaab 'Abu Nuhâs. Die »Basis« dieses dreieckigen Riffs verläuft von West nach Ost, die Spitze zeigt nach Norden. Auf diesem kleinen Riff liegen sieben dokumentierte und angeblich noch drei unentdeckte Wracks.

Von West nach Ost an der Nordwestseite des dreieckigen Riffs sind folgende Wracks zugänglich: *Giannis D* an der Westecke, die *Carnatic* in der Mitte und die *Chrisoula K* an der Ostecke des Riffs. An der Ostecke liegen noch weitere Wracks, über die man aber wenig weiß.

Das von den Nordstürmen gepeitschte Riffdach ist tief zerklüftet. Die zentrale Lagune ist etwa 6 m tief, hat sandigen Boden und kleine vereinzelte Korallenstöcke, die sich bei Stechrochen, Krokodilsfischen und Flundern großer Beliebtheit erfreuen. Beim Schnorcheln an diesem Riff entdeckten Taucher Hinweise auf Wracks, die älter als das der *Chrisoula K* waren, deren Mast und Vorschiff aus dem Wasser ragen. Diese Taucher fanden Kupfernägel und Steingut, was auf ein weiteres Wrack in der Nähe hinwies. Kurz darauf entdeckte man das Wrack der *Carnatic*.

### *Das Wrack der* Carnatic

Dieses alte Dampfschiff war auf dem Weg nach Indien, als es am 12. September 1869 bei Schaab 'Abu Nuhâs auf Grund lief. Als das Schiff in der Nacht auseinanderbrach und Wasser in die gewaltigen Dampfkessel lief, explodierten diese, wobei 27 Menschen starben (sie waren noch an Bord, weil man die Münzladung im Wert von 40.000 £ nicht hatte aufgeben wollen). Bergungstaucher bargen kurz darauf fast den gesamten Münzschatz. Das Wrack geriet in Vergessenheit und wurde von Adrian O'Neil wiederentdeckt; Lawson Wood identifizierte es.

Die *Carnatic* ist ein wunderbares klassisches Wrack. Das Holzdeck existiert längst nicht mehr, nur noch die korallenverkrusteten Stahlrippen. Im vorderen Laderaum liegen unter dem Schlick immer noch hunderte von Flaschen Champagner und Soda.

Das Wrack liegt in 21 m Tiefe auf der Backbordseite, der Bug weist nach Osten. Heck und Bug sind noch intakt, der mittlere Teil des Schiffs ist jedoch total zerstört. Beim nicht so tief liegenden Bug wimmelt es von Glasbarschen, auf die räuberische Stachelmakrelen, Feuer- und Soldatenfische ein Auge haben, während man in den schattigen Bereichen Blaupunkt-Stechrochen finden kann.

Das völlig überwucherte Wrack der *Carnatic* wird aufgrund seiner exponierten Lage nicht so oft betaucht, wie man meinen sollte, und ist deshalb noch in ausgezeichnetem Zustand.

In allen Wracks und nicht nur dort ist die Mitnahme von Souvenirs strengstens verboten.

### *Das Wrack der* Giannis D

Wenige hundert Meter hinter der *Carnatic* liegen an der Westseite des Riffs die inzwischen zerstörten Überreste der *Giannis D*, die unter ähnlichen Umständen hier sank, nachdem sie

*Oben: Blick von oben auf Scha'b 'Abu Nuhâs, an dessen Nordwestrand sich die Brandung bricht. Die zentrale Lagune ist etwa 6 m tief, hat sandigen Boden und einzelne Korallenstöcke. Am Ostende der Nordwestseite des Riffs ist schwach das Wrack der* Chrisoula K *zu erkennen. Die* Carnatic *liegt weiter westlich, etwa in der Mitte dieser Riffseite.*

auf ihrem Weg vom Sueskanal nach Hodeida im Jemen vom Kurs abgekommen war.

In einem schrecklichen Sturm im April 1983 lief sie auf das Riff und wurde von der Mannschaft aufgegeben. Bei späteren Stürmen brach sie auseinander. Die hinteren Wohn- und Maschinenräume sind noch intakt; das Wrack liegt auf der Backbordseite tief in den sandigen Meeresboden eingegraben. Vor dem hinteren Teil befindet sich ein großer Bereich aus Stahlblechen, den einstigen Laderäumen.

Der Bugbereich ist noch recht gut erhalten, aber nur noch zu einem Teil zu erkennen. Das Wrack gehört seit 15 Jahren dem Meer, Masten und Takelage sind mit Korallen überwachsen, die Maschinenräume von Glasbarschen bevölkert, und Riesen-Zackenbarsche patrouillieren an Deck.

*Links unten und oben: Die* Carnatic *bietet mit das beste Wracktauchen im Roten Meer. Das Schiff lief 1869 bei Scha'b 'Abu Nuhâs auf Grund. Das Holz ist längst vermodert und hat die korallenverkrusteten Stahlrippen freigelegt (links unten). Unten am Bug wimmelt es von Glasbarschen (oben).*

### *Das Wrack der* Chrisoula K

Der griechische Frachter *Chrisoula K* lief 1981 auf das Riff Scha'b 'Abu Nuhâs. Bug und Fockmast waren eine gut sichtbare Warnung vor diesem tückischen Riff, doch die ägyptischen Behörden entfernten den Mast, da sie ihn für ein Schifffahrtshindernis hielten. Dabei beschädigten sie den vorderen Bereich schwer; den Rest erledigten die nachfolgenden Stürme.

Das übrige Schiff ist noch in recht gutem Zustand; es liegt leicht abfallend am Riffkamm, das Heck in etwa 30 m Tiefe. Weite Teile sind offen, besonders interessant sind die großen Laderäume. Vor dem Eindringen in das Innere des Schiffes muss jedoch gewarnt werden. Die Laderäume können noch erkundet werden, aber nur mit Lampen.

Das Riff ist in diesem Bereich geschützter, und das vielfach steile Gelände verspricht interessante Tauchgänge. Weitere Wracks von Schiffen, die an derselben Ecke des Riffs gestrandet sind, liegen über diesen Teil von Scha'b 'Abu Nuhâs verstreut.

### *Wracks im nördlichen Roten Meer*

Westlich von Râs Mohammed liegt Schaab el 'Utâf, ein großes flaches Korallenriff. Eine kleine Kette aus Korallenfelsen, häufig der Ausweg genannt (sie waren das Ausweichtauchgebiet, wenn bei Râs Mohammed schlechtes Wetter herrschte), erstreckt sich zwischen dem Westende dieses Riffs und Schaab Mahmûd. Südwestlich davon liegt am Bacon Rock auf Schaab Mahmûd das Wrack der *Dunraven*.

Im Nordwesten liegt östlich vom Südende von Schaab Ali die *Thistlegorm* (vgl. Seite 54), unmittelbar südlich von Schaab Ali am Shag Rock die *SS Kingston* (vgl. Seite 70). Der nördliche Teil des Roten Meeres bietet einige der malerischsten Wracks der Welt, alle in für Sporttaucher erreichbaren Tiefen.

### Die Brother Islands (El Akhawein)

Die Brother Islands sind jetzt, nach dreijähriger Sperrung, wieder zugänglich, wenngleich einige der von der HEPCA angelegten Ankerplätze

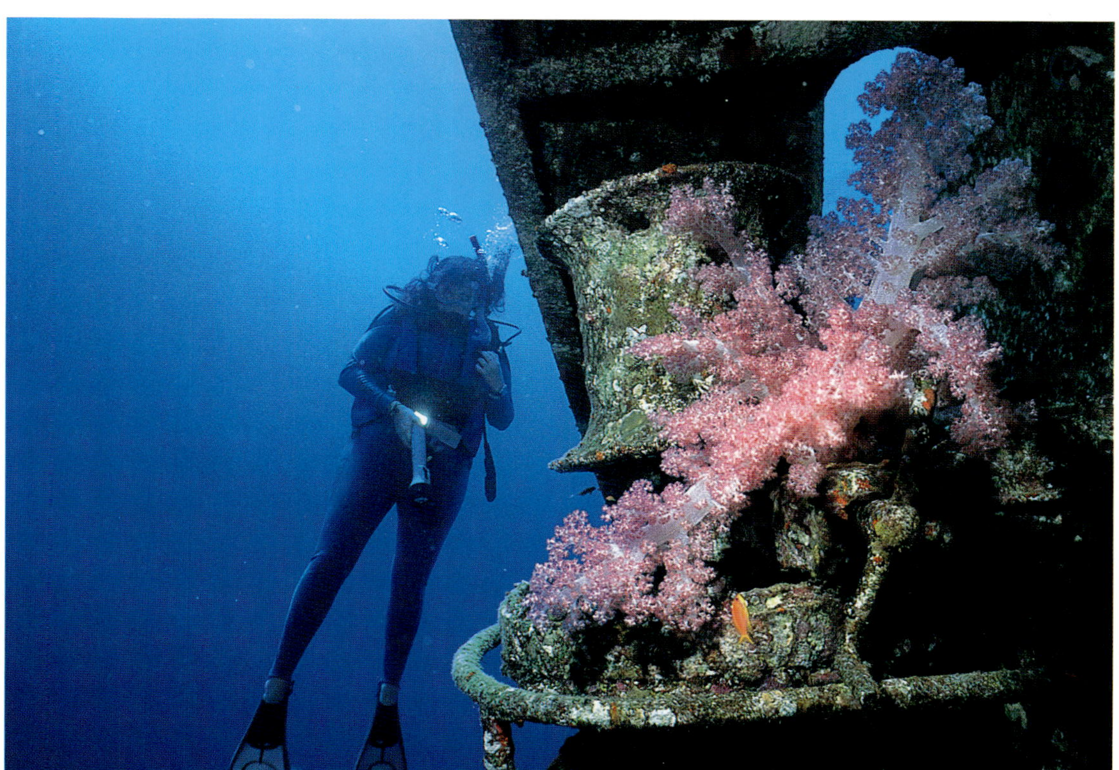

*Links: Ein Taucher erforscht das Wrack der* Giannis D, *die 1983 im Sturm an der Südwestecke des Riffs sank. Die Stürme haben große Teile des Wracks zerstört, aber der hier gezeigte Heckbereich ist noch relativ intakt.*

schon wieder verschwunden sind. Jedes Boot, das die Inseln anläuft, muss jetzt einen ägyptischen Parkranger an Bord haben. Die beiden winzigen Inseln liegen 67 km vor der ägyptischen Küste nördlich von El Quseir im tiefen Wasser. Die Überfahrt kann rau sein. Bei guten Bedingungen hat es Tagesausflüge gegeben, doch das Wetter ist unberechenbar, sodass man davon abgekommen ist. Die Inseln werden jetzt nur noch mit Kreuzfahrtschiffen angefahren und eignen sich von Mai bis Juli am besten zum Tauchen. An den Steilwänden gibt es kaum sichere Ankerplätze, sodass der Skipper bei starkem Wind und Strömungen wahrscheinlich ungern über Nacht bleibt.

Wie Daedalus Reef liegen auch die Brothers voll im Wind und in der Strömung und eignen sich deshalb ausgezeichnet zum Beobachten pelagischer Arten, aber auch von Rifffischen; in der starken Strömung gedeihen Bäumchen-Weichkorallen besonders gut. Big Brother, knapp 1.000 m nordwestlich von Little Brother, ist die größere der beiden Inseln. Die 400 m lange gestreckte Insel hat einen bemannten Leuchtturm dicht an der kurzen Klippe in der Mitte der Südwestseite. Die Steilwand fällt in für Sporttaucher unerreichbare Tiefen, weist im tieferen Teil Peitschen-, Horn- und Schwarze Korallen und im flacheren Wasser farbenprächtige Weichkorallen auf. Diesen Bewuchs findet man im Roten Meer jedoch fast überall, und die Hauptattraktion für die meisten Taucher sind die Haie – Graue Riffhaie, Hammerhaie, Silberspitzen-Haie und vor allem eindrucksvolle ansässige Weißspitzen-Riffhaie, die gern die Taucher inspizieren. Taucher wollen auch schon Fuchshaie gesehen haben.

Außer Haien gibt es auch große Fischschwärme, vor allem spät im Frühjahr und im Frühsommer zur Laichzeit. Dann sieht man Falterfische, Schnapper, Fledermausfische, Füsiliere, Flötenfische, Barrakudas, Halbschnabelhechte, Zackenbarsche, Stachelmakrelen, Segelflossen-Doktorfische, Schwarze Doktorfische, Nashorn-Doktorfische und Mantas.

Das Wrack des Truppentransporters *Aida II*, der 1957 sank, liegt an der Steilwand an der Nordwestecke. Der Bug befindet sich in 30 m Tiefe, das Heck in etwa 70 m. Knapp 100 m nördlich der *Aida II* liegt im Flachwasser ein älteres Wrack. Die Überreste reichen bis in 40 m Tiefe, wo der Bug abgebrochen und ins Bodenlose gesunken ist. Beide Wracks sind mit Stein- und Weichkorallen überwuchert und bieten eine reiche Fischfauna.

Einige Taucher halten das Meeresleben von Little Brother für besser. Es ist offenbar bunter mit klassischen Steilwänden und tiefem Wasser ringsum. Es gibt zahlreiche große Hornkorallen und Bäumchen-Weichkorallen, viele Stachelmakrelen, Tunfische, Haie und Mantas, aber Seeanemonen sind überraschend schwer zu finden.

*Links: Ein Riesen-Husar* (Sargocentron spiniferum).
*Unten: Der Truppentransporter* Aida II *sank 1957 nahe einem älteren, unbekannten Wrack. Hier erforscht ein Taucher einige der interessanten Überreste des älteren Wracks.*
*Rechts: Malerische Korallenwände bei The Brothers.*

## Elphinstone Reef (Schaab Abu Hamra)

Elphinstone Reef liegt 12 km vor der ägyptischen Küste bei Marsa Abu Dabbâb. Das nur 200 m lange und 30 m breite, von Nord nach Süd laufende Riff reicht bis knapp unter die Wasseroberfläche. Am Nord- und Südende befindet sich jeweils ein Plateau, ersteres im Flachwasser, das zweite sehr viel tiefer gelegen und mit einer Steilwand in 30 m, die von dort in die Tiefe stürzt.

Da es hier keine Schutzmöglichkeiten gibt, kann man an diesem Riff nur bei gutem Wetter tauchen. Im südlichen Ägypten haben sich in letzter Zeit mehrere Tauchveranstalter niedergelassen, die Tagesfahrten zum Elphinstone Reef unternehmen. Bei mehreren Booten gleichzeitig wird es eng. Kreuzfahrtschiffe können dagegen in Küstennähe über Nacht ankern.

Getaucht wird meistens an der Südspitze nach dem »Grab des Pharaos« und einigen ansässigen Weißspitzen-Haien. Zwischen 50 und 70 m öffnet sich in den Korallen ein großer Bogen, und darunter liegt ein Korallenrechteck. Die meisten Taucher bekommen in dieser Tiefe eine Stickstoffnarkose, und so rankt sich um dieses Rechteck eine Legende, wonach es ein Pharaonengrab ist.

Während die Wände an allen Seiten fast senkrecht abstürzen, gibt es an der Südspitze in 25 m einen schmalen Sockel, wo wir einmal auf über 20 Hammerhaie stießen. Drei Mann aus unserer Gruppe folgten ihnen über die Steilwand hinunter, wir anderen warteten am Sockel. Wir hatten Glück, denn zwei Bogenstirn-Hammerhaie lösten sich aus dem Verband und schwammen an uns vorbei. Dabei gelangen mir zwei gute Fotos.

Neben Hammer- und Weißspitzen-Haien gibt es an der Südspitze auch Silberspitzen-Haie sowie gelegentlich einen Seidenhai, während man Graue und Weißspitzen-Riffhaie überall am Riff sieht.

Die sehr viel längeren Ost- und Westseiten des Riffs bieten fast senkrechte Steilwände mit einer Fülle von Steinkorallen, Bäumchen-Weichkorallen, Horn- und Peitschenkorallen, Schwämmen und Schwarzen Korallen. Die Ostwand hat die offenbar schönsten Weichkorallen. Dort folgen einige mächtige Napoleon-Lippfische, Rundkopf-Fledermausfische, Rotmeer- und andere Wimpelfische sowie Arabische Kaiserfische dem Taucher. Gelegentlich schwimmt eine Meeresschildkröte vorbei, Papageifische huschen umher, und Großaugenbarsche, Husaren- und Soldatenfische sowie Zackenbarsche schweben unter Überhängen und *Acropora* Tischkorallen.

## Daedalus Reef (Abu El Kizan)

Daedalus Reef, nach mehrjähriger Sperrung endlich wieder zugänglich, ist ein kleines abgelegenes Riff südöstlich der Brother Islands, 96 km vor der ägyptischen Küste zwischen Marsa 'Alam und Gezîret Wâdi Gimâl. Aufgrund seiner Lage ist es ein reines Kreuzfahrtgebiet, wo nur im Sommer getaucht wird. Wetter und Überfahrt können recht ungemütlich sein. Das Riff ist eine Gefahr für die Schifffahrt und daher mit einem bemannten Leuchtturm gesichert. Früher ging man an Land und unterhielt sich mit den Wärtern, doch das verbieten die HEPCA-Bestimmungen inzwischen. Boote, die Daedalus anlaufen, müssen einen ägyptischen Parkranger an Bord haben.

*Links außen: Ein Taucher inmitten der reichen Fischfauna an den Steilwänden von Elphinstone Reef. Dieses relativ kleine Riff (200 x 30 m) eignet sich auch hervorragend zum Beobachten von Haien. Links: Ein Riesen-Drückerfisch* (Balistoides viridescens).

Die Südseite bietet einige Ankerplätze, und erfahrene Skipper können beim vorherrschenden Wind an der Leuchtturmmole festmachen. Das Riff besteht an drei Seiten aus fast senkrechten Wänden, die in 70 m Tiefe auslaufen. Im Norden sorgen die vorherrschenden Winde und Strömungen für einen Überfluss an pelagischen und Rifffischen. Barrakudas kreisen, während Regenbogen- und andere Stachelmakrelen, Schnapper und Tunfische umherhuschen und Blauklingen-Nasendoktoren, Füsiliere und Segelflossen-Doktorfische sich in Schwärmen sammeln.

An der Nordost-, Nordwest- und Ostseite kann man, vor üppigen Wänden treibend, durchaus einen Fuchshai sehen. Die Steilwand an der Westseite ist ein wahres Seeanemonenparadies mit den entsprechenden Anemonenfischen. Kaiserfische, Falterfische und Rundkopf-Fledermausfische kreuzen, und Gelbklingen- und Langnasendoktoren flitzen umher. Alle Seiten sind dicht mit Steinkorallen, farbenprächtigen Weichkorallen und Gorgonien bewachsen und bieten eine reiche Fischfauna. Die Strömung verläuft meist von Nord nach Süd und ist ziemlich stark; man lässt sich also am besten von einem Begleitboot aufnehmen.

Die Fische hier sind im Wesentlichen die gleichen wie bei den Brother Islands, nur dass es mehr sind. Man trifft gelegentlich auf Hammerhaie, Graue Riff- oder Silberspitzenhaie sowie einige Weißspitzen-Riffhaie und Große Tümmler; Weißspitzen-Hochseehaie gibt es hier jedoch nicht. Neugierige Besenschwanz-Feilenfische und Flötenfische folgen einem auf den Fersen, während Schwarze Doktorfische und Stachelmakrelen sich für die Luftblasen der Taucher interessieren, die sie vermutlich für kleine Beutefische halten. An der Oberfläche sieht man Halbschnabelhechte, auf den Steinkorallen haben sich Forsters Büschelbarsche und einige Zackenbarsche niedergelassen, und zwischen den Hornkorallen lauern Langnasen-Büschelbarsche.

Eine Besonderheit des Daedalus Reef ist eine Grotte an der Südwestecke in 18 m Tiefe, in der sich etwa 20 große Feuerfische aufhalten. Sie kommen furchtlos und geschlossen auf die Taucher zu. Man weiß nicht, ob das ein Territorialverhalten oder ein kollektives Vorgehen ist, um Beutetiere zusammenzutreiben.

Früher hat es hier Haifütterungen gegeben, die jetzt jedoch verboten sind, da inzwischen erkannt wurde, dass diese Fütterungen ökologisch schädlich sind.

*Oben Mitte: Elphinstone Reef liegt 12 km vor der ägyptischen Küste bei Marsa Abu Dabbâb.*
*Oben: Ein Juwelen-Zackenbarsch* (Cephalopholis miniata).
*Unten: Der Blick vom Leuchtturm auf Daedalus Reef zeigt den langen Steg. Die neuen HEPCA-Regeln verbieten das Anlegen, doch ein Plausch mit dem einsamen Leuchtturmwärter ist schließlich nur höflich.*

**Klima**
Im Winter warm und trocken, aber sehr starke ablandige Winde möglich, sodass man auf dem Boot warme Kleidung dabeihaben sollte. Im Sommer kann es an Land mit Temperaturen von 47 °C unangenehm heiß sein. Auf See sind die Temperaturen angenehm, es ist aber feucht.

**Beste Zeit**
Man kann im Sudan ganzjährig tauchen, die meisten Kreuzfahrtschiffe aus Port Sudan fahren jedoch im Winter (wo es sehr windig und rau werden kann). Die beste Zeit ist Mai–Juli und September. Meiden Sie den August, wenn Regen im nahen Äthiopien Südwinde und Sandstürme bringt.

**Anreise**
Fahren Sie mit einem Kreuzfahrtschiff ab Ägypten. Die Flugverbindungen sind bekannt unzuverlässig, vor allem von Khartum nach Port Sudan. Es gibt gelegentlich Direktflüge ab Kairo oder Rom, aber nur im Winter.

**Wassertemperatur**
Durchschnittlich 28 °C im Sommer, 27 °C im Winter. Stellenweise sind 30 °C möglich.

**Meeresleben**
Die größte Dichte und Vielfalt an Arten im Roten Meer, mit zahllosen Rifffischen, Horn-, Stein- und Weichkorallen. Da nicht kommerziell gefischt wird, gibt es viele pelagische Arten, insbesondere Haie.

## DER SUDAN

### Schaab Rumi

#### *Cousteaus Conshelf (Precontinent) II*

Zu Beginn der 1960er-Jahre wies Cousteau nach, dass das Wohnen unter Wasser möglich ist. Er begann 1962 mit Conshelf I vor der kleinen Insel Pomègues bei Marseille. Mitte 1963 war Conshelf II fertig, eine sternförmige Behausung in 9 m Tiefe, eine Wohnkapsel in 25 m und ein U-Boot. Das Boot operierte von einem Schuppen aus, in den es von unten fahren konnte und aus dem das Wasser durch Druckluft hinausgeblasen wurde, sodass das Boot an Ort und Stelle bleiben konnte.

Schaab Rumi 40 km nordöstlich von Port Sudan wurde deshalb gewählt, weil die geschützte Westlage das notwendige Riffprofil und einen sicheren Ankerplatz für den Frachter *Rosaldo* in der Lagune bot. Man baute eine Versorgungsbrücke über das Riff, und die *Calypso* diente als Versorgungsschiff. Das Buch und der gleichnamige Film *Die schweigende Welt* berichteten über Conshelf II. Nach der Beendigung des Experiments wurden die Behausungen geborgen, alles andere blieb jedoch vor Ort und zeugt noch heute vom Geist der frühen Unterwasserpioniere.

Die Szene unter Wasser erinnert an einen Sciencefiction-Film. Ein futuristisch wirkender Stahlbehälter auf drei Beinen ist von Stein- und Weichkorallen überwuchert. Das war die Garage für Cousteaus untertassenförmiges U-Boot *DS2* während des Conshelf-II-Experiments. Der Holzboden ist verrottet. Das Metallschild darunter erinnert an einen deutschen Taucher, der 1973 bei Schaab Rumi umkam. Die Garage steht außerhalb der Lagune, 50 m südlich des südlicheren der beiden Laguneneingänge am Nordende der Westseite des Riffs. Der nahe Laguneneingang ist nur 10 m breit. In der Lagune kann man sicher ankern.

Wir stiegen auf 9 m ab zwischen die Stelzen der Garage. Blaupunkt-Stechrochen und Feuerfische stoben davon, als wir uns durch die Luke hineinzwängten. Im Innern jagte ein Schwarm Glasbarsche auseinander, und die Luftblasen verzerrten unser Spiegelbild an der Fläche zwischen dem Wasser und einer Blase von Tauchern ausgeatmeter Luft. Wir verweilten kurz in der 0,5 m großen Luftblase, plauderten und stiegen wieder auf.

Im Norden steht ein korallenbewachsener Geräteschuppen. Östlich von ihm lauert zwischen auf dem Boden umherliegenden Drahtschlingen und Eisengittern ein großer Napoleon-Lippfisch, und weiter nördlich bieten drei

*Links oben: Der Leuchtturm Sanganeb und South Jetty.*
*Rechts: Pumpkorallen* (Xenia umbellata).

plexiglasverkleidete und mit Weichkorallen überwucherte Fischbehälter kleinen Fischen Schutz. Westlich, weiter unten an der Steilwand, befinden sich ein Haikäfig und weitere Kabel und Gitter. Heute sieht man Haie nur noch weitab der Steilwand, dennoch ist der Tauchgang hier ein einmaliges Erlebnis.

***Südspitze***

Die Südspitze von Schaab Rumi ist berühmt für ihre Haipopulation. Das Gebiet ähnelt der Südwestspitze von Sanganeb, bietet jedoch eine reichere Fischfauna und einen fantastischen Tauchgang auf 20 bis 36 m, wo man riesige Fischschwärme und bis zu 60 Haie auf einmal sehen kann. Wir haben einmal erlebt, wie einige Haie direkt auf uns zuschwammen, während

*Oben: Die Garage, wo Cousteau sein untertassenförmiges U-Boot DS2 unterstellte.*
*Unten: Reste eines Geräteschuppens der Conshelf II-Anlage.*

50 andere uns umkreisten. Der Anführer – ein großer Bogenstirn-Hammerhai – hatte seine Sinne auf die Pressluftflasche gerichtet, an die ich mit dem Messer schlug, seine Augen jedoch auf uns. Wir konnten nur wenige Aufnahmen machen, weil der Blitz zu lange zum Wiederaufladen brauchte, und nach 30 Sekunden alles vorbei war.

Die Riffwand, eines der Topgebiete weltweit, fällt hier auf 20 m ab und bietet eine wunderbare Mischung aus Stein- und Weichkorallen sowie mit Fahnenbarschen bevölkerten Hornkorallen. Wenn man um die Ecke nach Osten zu schwimmen versucht, wird die Strömung allerdings zu stark. Unterhalb dieser Wand läuft sanft ein sandiges Plateau von 20 auf 26 m aus und erstreckt sich über sehr tiefem Wasser fast 100 m nach Süden.

Die kleineren Beutetiere hier locken Raubfische wie Haie, Tunfische, Regenbogen- und andere Stachelmakrelen sowie große Barrakudaschwärme an. Am Rand kreuzen Herden von bis zu 40 Bogenstirn-Hammerhaien, und darüber tummeln sich Weißspitzen- und Graue Riffhaie, Silberspitzen- und Seidenhaie sowie Große Tümmler. Einige Taucher sind beim Schnorcheln an der Oberfläche von Haien erschreckt worden, man steigt deshalb am besten dicht an der Wand auf. In Schwärmen stehen hier Nasendoktoren und Segelflossen-Doktorfische in der Strömung, und Füsiliere und Papageienfische huschen vorüber.

Das Plateau selbst wird normalerweise auf 30 m nach Süden durch das obere Riff geschützt, und Kaiserfische, Falterfische, mächtige Napoleon-Lippfische und Meerbarben folgen den Tauchern, während Husarenfische, Juwelen- und andere Zackenbarsche unter den Korallenstöcken stehen. Ein in den 70er Jahren von einem deutschen Filmteam in 26 m Tiefe angebrachter Haikäfig ist völlig mit Korallen überwachsen.

Im Sommer herrscht hier eine sehr starke Nord-Süd-Strömung, und man sieht bei zu starker Strömung an der Oberfläche kräftige Wirbel. Man kann mit einem Kreuzfahrtschiff nicht direkt beim Riff ankern und dann zu dem Gebiet hinüberrudern, wie manchmal erklärt wird. Man muss weiter nördlich in der Lagune ankern und dann mit einem Beiboot aus der Lagune heraus am Cousteau-Gebiet vorbei nach Süden zur South Point fahren. Es ist ein weiter Weg, und man braucht ein motorisiertes Beiboot.

*Oben: Sha'b Rumi South Point ist für die vielen Haie bekannt, darunter auch Hammerhaie.*
*Unten: Korallenbewachsene fischreiche Riffe bei Sha'b Rumi.*
*Rechts: Fische suchen Schutz in Cousteaus Fischbehältern.*

## Sanganeb

Das Sanganeb-Atoll ist über 8 km lang und steigt aus großer Tiefe 27 km nordöstlich von Port Sudan auf. Am Südende steht ein Leuchtturm, der den Hauptschifffahrtsweg nach Port Sudan weist. Sanganeb ist für eine Fülle hervorragender Tauchgebiete berühmt, darunter zwei absolute Topgebiete – Sanganeb North Point und Southwest Point.

### *North Point*

North Point ist den vorherrschenden Nordwinden ausgesetzt und sollte deshalb nur bei gutem Wetter betaucht werden. Am besten ist es, frühmorgens zu tauchen, wenn es noch ruhig ist, denn zum Nachmittag zieht die Strömung an, kann stark werden, und die See ist meistens kabbelig.

Die Spitze fällt in Stufen ab, hat einen ungewöhnlich gesunden Rifftisch in 5 m Tiefe, eine sandige, nach Norden weisende Plattform mit einer erhöhten Lippe in 20 m und ein noch viel größeres Sandplateau, das sich nordwärts erstreckt und von 50 auf 60 m abfällt.

Der obere Rifftisch ist mit Stein-, Weich- und Hornkorallen bedeckt, und die Rifffische sind so arten- und zahlreich wie überall. Prächtige Fahnenbarsche und Grüne Schwalbenschwänze

suchen über den Korallen Nahrung, Papageiund Doktorfische weiden die Algen ab, und Echte Karettschildkröten fressen an den Schwämmen. Kaiser- und Falterfische flitzen herum, Muränen lugen aus den Löchern, Füsiliere huschen umher, und Schwärme von Büffelkopf-Papageifischen knabbern die Korallen an. Bei ruhigen Bedingungen genießen Taucher, Schnorchler und vor allem Fotografen dieses Gebiet, denn es gibt viel Licht und Farbe, und die meisten Fischarten des Roten Meeres sind vertreten.

Auf der Plattform mit der erhöhten Lippe in 20 m kann man Eidechsenfische, Grundeln und Pistolenkrebse sowie Riffbarsche sehen, oft auch Meeresschildkröten oder einen Manta, der beim Balzen Purzelbäume schlägt. Beim tiefer liegenden Plateau, das von 50 auf 60 m abfällt, gibt es große Fischschwärme, darunter auch pelagische Arten wie Tunfische, Regenbogen- und andere Stachelmakrelen, Barrakudas und Herden junger Bogenstirn-Hammerhaie. Frühmorgens findet man auf dem Sand ruhende Graue Riffhaie. Die Sicht ist so gut, dass man die Tiere von der äußeren Riffwand her beobachten kann.

An der Ostseite des oberen Rifftisches steht ein großer Korallenstock, unter dem eine Wand in die Tiefe stürzt, die üppigen Bewuchs von Stein-, Weich- und Hornkorallen sowie ein reiches Wirbellosen- und Fischleben aufweist. Unter Peitschen- und Hornkorallen liegt ein großes altes Holzwrack, dessen höchste Stelle sich jedoch in 70 m Tiefe befindet.

Etwa 20 m nördlich des markanten Korallenstocks kann man zu einem kleinen abfallenden Sockel in 40 bis 50 m Tiefe absteigen, der auf eine sehr viel tiefere Rinne nach Osten geht. Dort hat man schon Graue und Weißspitzen-Riffhaie sowie Herden von über 40 Bogenstirn-Hammerhaien gesichtet. Mir sind einmal zehn junge Hammerhaie um die Beine geschwommen. Im April versammeln sich hier Schwarztupfen-Süßlippen zum Laichen.

***Southwest Point***

Die Südwestspitze von Sanganeb, ebenfalls eines der besten Tauchgebiete der Welt, ist gegen alles außer den Südwinden im August geschützt. Im Januar und Februar können die Nordwinde so stark sein, dass diese Spitze und die Südwand die einzigen Stellen außerhalb der Lagune sind, wo man vernünftig tauchen kann.

An der oberen Riffwand herrscht reges Meeresleben mit Schwärmen von Segelflossen-Doktorfischen, Nasendoktoren, Fahnenbarschen und Mönchsfischen. In Nischen, Spalten und Grotten gibt es orangefarbene und grüne Zäpfchenkorallen, Zackenbarsche, Großaugenbarsche und Soldatenfische, und im April versammeln sich bei den Grotten riesige Schwärme von Schwarztupfen-Süßlippen zum Laichen.

Als wir letztens ins Wasser stiegen, huschten große Zackenbarsche in ihre Verstecke, vergruben sich Blaupunkt-Stechrochen im Sand, ein Peitschenrochen verschwand über die Ostkante, und ein riesiger Napoleon-Lippfisch kam uns entgegen, um uns zu inspizieren. Wir stiegen an einem Barrakudaschwarm vorbei ab, machten direkt über dem Steilabfall Halt und wurden mit dem Anblick von acht großen Bogenstirn-Hammerhaien sowie mehreren Grauen und Weißspitzen-Riffhaien belohnt.

Unten am Riff läuft von 20 auf 36 m und auf 100 m Länge sanft ein Sandplateau nach Südwesten aus. Im Süden und Westen dieses Plateaus fällt das Riff 60 bis 70° steil in die Tiefe, im Norden dagegen weniger steil. An der Südkante des Plateaus patrouillieren Graue Riff- und Hammerhaie. Gelegentlich trifft man auf einen Silberspitzen- oder Tigerhai, und an der Südwand sind schon Leopardenhaie gesichtet worden.

Oberhalb des Plateaus gibt es Stöcke von Steinkorallen, Weich-, Horn- und Peitschenkorallen sowie alle im Roten Meer nur denkbaren pelagischen und Rifffische, die überwiegend sehr zahm sind. Barrakudas und Regenbogen-Stachelmakrelen treten schwarmweise auf, und Stachelmakrelen und Tunfische jagen kleinere Fische. Weißspitzen-Riffhaie, Skorpionsfische, Steinfische, Zitterrochen und Igelfische kommen häufig vor. Anemonenfische schmiegen sich in große Seeanemonen, Drückerfische bewachen ihre Nester, und einige Zackenbarsche sind so riesig, dass sie ihre Höhlen gar nicht mehr verlassen können. Die farbenprächtigen Weichkorallen bauschen sich bei starker Strömung auf.

Das Gebiet ist schnorchelnd leicht von der südlichen Leuchtturmmole zu erreichen und ideal für Nachttauchgänge. Gelegentlich zeigt sich ein Hai. Man muss auf die kleinen jungen Skorpionsfische achten. Man sieht unter anderem Langusten, Spanische Tänzerinnen, Seehasen, Einsiedler mit Seeanemonen auf ihrer Schale, Rot-weiß gebänderte Scherengarnelen, Schlangenaale, Kraken, Schlangensterne und Tonnenschnecken.

*Gegenüber oben: Nahaufnahme einer Pinkfarbenen Feuerkoralle* (Distichopora violacea).

*Gegenüber unten: Graue Riffhaie* (Carcharhinus amblyrhynchos) *und ein Gestreifter Schiffshalter* (Echeneis naucrates).

*Oben: Ein Blaupunkt-Stechrochen* (Taeniura lymma).

*Unten: Korallen an einem Riff bei Southwest Point.*

## Das Wrack der *Umbria*

Wenn es je ein Wrack für Sporttaucher gegeben hat, dann das der *Umbria*. Das im Schutz des Wingate Reef vor Port Sudan versenkte Schiff kann bei jedem Wetter betaucht werden. Es herrscht keine Strömung, die Sicht ist hervorragend, der Korallenbewuchs und die Fischfauna sind arten- und zahlreich.

Das in Hamburg gebaute 10.076-t-Schiff mit zwei Maschinen und Doppelschraube hieß ursprünglich *Bahia Blanca*, wurde aber später verkauft und in *Umbria* umgetauft. Sie war mit Munition, Flugzeugersatzteilen, Zement und Proviant für die italienischen Truppen in Eritrea unterwegs nach Rangun und ankerte am 12. Juni 1940 vor dem Hafen von Port Sudan, als Italien offiziell in den Zweiten Weltkrieg eintrat. Die Briten machten sich sofort daran, das Schiff zu kapern, doch der Kapitän wurde gewarnt und gab Befehl, die Bodenventile zu öffnen.

Die britische Marine hielt eine Bergung der Ladung nach eingehender Prüfung für nicht opportun. Das Schiff wurde nicht angerührt, als Gefahr in die Seekarten eingetragen und das Gebiet für die Schifffahrt gesperrt.

1949 tauchte Hans Hass als erster Zivilist zum Wrack. Sein Buch *Abenteuer unter Wasser* und anschließende Filme lockten vor allem die führenden Unterwasser-Fotografen und Filmer an dieses fotogenste Wrack der Welt.

Die *Umbria* liegt geneigt auf der Backbordseite, die Davits auf Steuerbord ragen aus dem Wasser. Die Backbordschraube ist unter Korallen verborgen, die Steuerbordschraube liegt dagegen frei in 15 m Tiefe. Das Heck ruht in 20 m auf Korallen, die Unterseite des Bugs in 36 m. Das Schiff ist größtenteils zugänglich; die Gangways sind frei, in den Laderäumen sind Munition, Fahrzeugteile, Zementsäcke, Weinflaschen, Batterien und Glaskrüge verstreut. Das Eindringen in den Maschinenraum und die Küche ist schon schwieriger – wirbeln Sie keinen Schlick auf, da Sie sonst nicht wieder hinaus finden. In der Küche findet man noch Geschirr mit dem Reedereiwappen und silberne Servierschüsseln.

Harpunieren und das Sammeln von Korallen und Muscheln sind in sudanesischen Gewässern seit langem verboten, was dem reichen

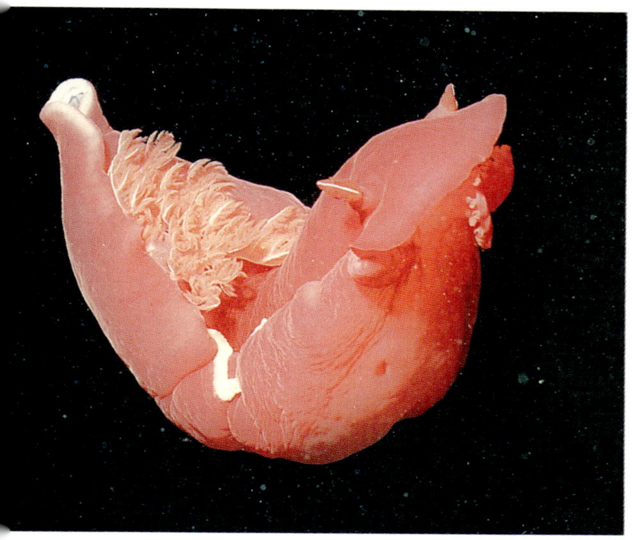

Fischleben am Wrack zugute kommt. Büffelkopf-Papageifische, Zackenbarsche, Drücker-, Doktor-, Kaiser-, Falter- und Fledermausfische, Meerbrassen, Döbel, Büschelbarsche, Feuer- und Feldwebelfische sind häufig anzutreffen. Im Sommer ziehen Delfine und Meeresschildkröten vorbei, und im Dezember und Januar suchen Mantas hinter den nahen Riffen Schutz. In der Senke unter dem Heck habe ich schon kleine Weißspitzen- und Schwarzspitzen-Riffhaie gesehen. Da das Wrack nicht tief liegt, haben Taucher reichlich Grundzeit, und Schnorchler können das Flachwasser erkunden.

*Gegenüber: Das Wrack der* Umbria *ist von oben zu erkennen. – Ganz oben: Eine Spanische Tänzerin. Oben: Langnasen-Papageifisch* (Hipposcarus harid). *Rechts oben und unten: Munition (oben) und Weinflaschen (rechts) im Laderaum des Wracks der* Umbria.

## Tipps für das Wracktauchen

- *Ein scharfes Messer oder ähnliches zum Kappen von Angelschnur und Netzen mitführen.*
- *Eine gute Taschenlampe und Ersatzlampe mitführen.*
- *Die gesamte Ausrüstung gut am Körper befestigen, damit sich nichts irgendwo verfängt.*
- *Feste Handschuhe tragen.*
- *Ein Wrack bei Stillwasser betauchen.*
- *Wenn das Wrack nicht ausgebojet ist, einen Suchanker am Wrack setzen und die Leine ausbojen. Das erste absteigende Taucherpaar sollte die Leine am Wrack befestigen, das letzte aufsteigende Paar sollte sie wieder lösen.*
- *Bei tiefen Wracks und starker Strömung eine Abstiegsleine anbringen, die möglichst gerade zum Wrack hinunterläuft, um Ab- und Aufstieg so kurz wie möglich zu halten. Dekostopps können an der Abstiegsleine vorgenommen werden; außerdem kann man bei 10 und 5 m Ersatzflaschen anbringen.*
- *Es ist immer am besten, an der Abstiegsleine ab- und aufzusteigen. Wenn man sich von der Leine entfernt, sollte man sich die Richtung (auch mit Hilfe des Kompasses) merken, da die Sicht durch Aufwirbeln von Sedimenten auf Null sinken kann. Bei sehr schlechter Sicht unten an der Abstiegsleine eine Entfernungsleine anbringen.*
- *Besonders umsichtig sein, da sich an Wracks oft Fischernetze und Angelschnüre verfangen haben, die Sicht häufig schlecht ist und man leicht Schlick aufwirbelt. Stark zerstörte Wracks können die Orientierung erschweren.*
- *Wenn man in ein Wrack eindringen will, alle Türen und Luken festbinden, damit sie nicht durch eine Strömung hinter einem zuschlagen können. Eine Rettungsleine anbinden, bevor man eindringt, und sie dann beim Vordringen ausgeben. Oder sich selbst in die Rettungsleine binden und sie vom Partner ausgeben lassen. Nicht vergessen, auch die folgenden Türen oder Luken festzubinden, durch die man vordringt. Die Rettungsleine nicht loslassen – wenn man durch aufgewirbelten Schlick die Orientierung verliert, ist sie eventuell die einzige Möglichkeit zurückzufinden.*
- *Vorsicht: Auch Luftblasen können Schlick aufwirbeln.*
- *Aufpassen, dass nichts vom Wrack abbricht, besonders bei Holzwracks, die öfter zusammenfallen.*
- *Auf scharfe Metallteile achten, die die Rettungsleine, Tarierweste oder andere Ausrüstungsgegenstände beschädigen können.*
- *Ausreichend Luftvorrat lassen, um zurück aus dem Wrack und an der Aufstiegsleine wieder nach oben zu kommen.*
- *Bei Strömung eine Treibleine an der Aufstiegsleiter anbringen, die frei in der Strömung treiben kann.*
- *Selbst bei richtiger Berechnung des Stillwassers kann am Ende des Tauchgangs starke Strömung herrschen. In dem Fall ist eine Treibleine nützlich, die oben von der Aufstiegsleine zur Aufstiegsleiter führt.*
- *Das Eindringen in ein großes Wrack ist fortgeschrittenes Tauchen, für das man entsprechend ausgebildet und ausgerüstet sein sollte. Es ist nicht ratsam, nachts in ein Wrack vorzudringen.*

*Oben: Das Wrack der* SS Kingston, *die in der Jubalstraße am Shag Rock auf Grund lief.*
*Unten und rechts: Das attraktive Wrack der* Umbria. *Ein Taucher (rechts) erkundet den Heckbereich.*

BANGARAM-II

# DER ZENTRALE INDISCHE OZEAN

**Klima**
Auf Lakshadweep und den Andamanen regnet es von Mai bis Oktober ausgiebig.

**Beste Zeit**
**Lakshadweep:** November–April.
**Andamanen:** Januar–Mai.

**Anreise**
**Lakshadweep:** Von Goa, Cochin oder Trivandrum gibt es täglich einen Flug nach Bangaram. Flugzeit 60–100 Minuten. Besucher des Tauchzentrums in Kadmat und Kavaratti nehmen das Nachtschiff von Cochin. Alle Besucher müssen vor der Abfahrt amtlich abgefertigt sein.
**Andamanen:** Sie sind mit dem Kreuzfahrtschiff von Koh Phuket in Thailand zu erreichen, oder mit dem Flugzeug von Kalkutta oder Madras nach Port Blair.

**Wassertemperatur**
**Lakshadweep:** Durchschnittlich 24–29 °C.
**Andamanen:** Durchschnittlich 28–31 °C.

**Sicht**
**Lakshadweep:** Außerhalb der Monsunzeit gut 20 m.
**Andamanen:** Meist mehr als 10 m außerhalb der Thermoklinen, in den Thermoklinen jedoch weniger.

**Meeresleben**
Viele farbenprächtige Rifffische an den seichten Korallenriffen, große Zahl von Delfinen und Meeresschildkröten und in größerer Tiefe einige pelagische Arten. Ziemlich viele ausgebleichte Steinkorallen.

**Schnorcheln**
Bei beiden Inselgruppen gute Möglichkeiten.

# INDIEN

Fiona Nichols und Paul Lees

DER LAKSHADWEEP-ARCHIPEL • DIE ANDAMANEN

Der riesige indische Subkontinent, der nicht gerade berühmt für seine Tauchgelegenheiten ist, hat zwei einzigartige Tauchziele, die aufgrund ihrer Abgeschiedenheit noch in ursprünglichem Zustand sind. Zum einen die etwas leichter zugängliche Inselgruppe Lakshadweep vor der Küste von Kerala im Südwesten Indiens. Kerala, lange eine Zwischenstation für Seefahrer auf der Suche nach Gewürzen und Sandelholz, hat schon Phönizier, Römer, Chinesen, Araber, Portugiesen, Holländer und Engländer erlebt.

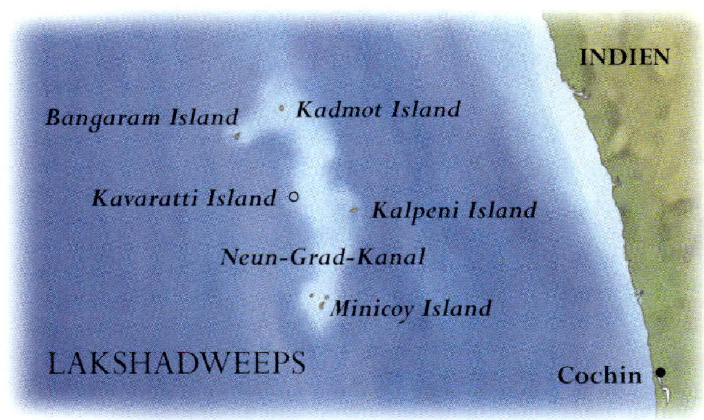


Heute kommen die Besucher mit dem Flugzeug aus Europa und Asien direkt nach Trivandrum und Cochin. Im Verlauf der Jahrhunderte haben die fremden Kulturen ihre Spuren im Leben der heimischen Malayalam hinterlassen und der Kultur von Kerala die einzigartige kosmopolitische Prägung gegeben.

Die wagemutigen und betuchten Taucher haben jedoch den Archipel Lakshadweep etwa 300 km westlich von Kerala im Sinn. Diese verstreuten zwölf Atolle mit insgesamt 36 kleinen Inseln sind der nördliche geologische Ausläufer der Malediven. Von den 36 Inseln sind nur zwölf von den moslemischen Malayalam bewohnt, und ausländische Besucher dürfen nur einige davon betreten.

Indiens zweites großes Tauchziel liegt mehr als 1.000 km südöstlich des indischen Festlandes im Golf von Bengalen, die Andamanen, ein schmaler Archipel aus über 300 Inseln. Tropischer Regenwald bedeckt etwa 90 Prozent der Inselkette, die eine Fläche von ungefähr 8.240 km$^2$ einnimmt. 26 der Inseln werden von etwa 160.000 Menschen bewohnt, von denen ein Drittel in der einzigen Stadt lebt, Port Blair an der Ostküste von Süd-Andaman. Port Blair war ursprünglich eine Zuflucht für die Besatzungen der von Piraten aufgebrachten Schiffe.

Die Hauptinselgruppe besteht aus fünf Inseln: Nord-, Mittel- und Süd-Andaman sowie den beiden kleineren Inseln Baratang und Rutland, die die Kette im Süden vervollständigen.

Weite Bereiche der Inseln sind als Schutzgebiet ausgewiesen, einige davon die Heimat mehrerer Eingeborenenstämme und für Fremde absolut tabu.

Östlich der Inselkette liegt die unbewohnte Vulkaninsel Barren Island, einer der zwei noch aktiven Vulkane auf indischem Gebiet. Jenseits davon im Norden befindet sich die Station der Küstenwache von Narcondam Island, die die nördlichen Ausläufer überwacht. Beides sind beliebte Tauchziele. Dort werden häufig Delfine, Dugongs und sogar schwimmende Elefanten gesichtet.

*Vorige Doppelseite: Ein Strand auf der Insel Bangaram in den Lakshadweeps.*
*Links oben: Ein Fischerboot in den Gewässern der Lakshadweep-Inseln.*
*Rechts: Ein Blick aus der Luft auf die Insel Bangaram.*

## DER LAKSHADWEEP-ARCHIPEL

Die einstigen Zugangsbeschränkungen und die große Entfernung vom indischen Festland sind im Wesentlichen der Grund für den hervorragenden Zustand der dortigen Riffe und ihrer einheimischen Fauna und Flora. In dem Archipel gibt es über 1.000 einheimische Arten von Knochenfischen, zahlreiche Rochen und Haie sowie Dutzende von Korallen und Stachelhäutern.

### Bangaram

Man scheut sich fast, über das Tauchen beim Archipel Lakshadweep zu sprechen, denn je mehr Menschen es erleben, desto mehr verliert es. Man taucht hier in unberührter Umgebung, und das macht den Reiz aus. Man hat buchstäblich das Gefühl, der erste zu sein, der dieses Riff entdeckt.

Bangaram ist eine kleine, halbmondförmige Insel mit einer Plantage Kokospalmen, die sich an eine Seite des Atolls schmiegt. Auf der anderen Seite des Atolls gibt es noch weitere Inseln, die mit einem Mietboot oder -katamaran leicht zu erreichen sind.

Auf Bangaram gibt es ein Hotel für maximal 60 Gäste. Man kann auf der Insel kaum mehr tun als Wassersport treiben, im türkisfarbenen Wasser treiben, in einer Hängematte faulenzen oder den blendend weißen Strand entlangschlendern. Schnorchler können sich am Wrack eines alten Fischerbootes vergnügen, das im Südosten des Atolls in 3 m Tiefe liegt. Dort sind inzwischen mehrere Muränen, eine Unmenge kleiner Rifffische, Papageifische, Seegurken und einige schöne Korallen zu Hause.

Von den etwa einem Dutzend Tauchgebieten, die Andreas Heidman, Tauchlehrer des Hotels auf Bangaram, erkundet hat, haben sich drei zu Favoriten entwickelt: Shallow Point, Manta Point und Shipwreck.

### *Shallow Point*

Shallow Point ist ein Flachwassergebiet, das man mit dem Boot vom Hotel auf Bangaram in 40 Minuten erreicht. Das Wasser ist klar, die Sicht beträgt 20 bis 30 m, es herrscht leichte Strömung, und es gibt eine Fülle von Korallen. Auch passionierte Schnorchler können diesen Trip mitmachen, weil schon in geringeren Tiefen schöne Korallen zu erkunden sind, dazu Grundeln, Riffbarsche, Süßlippen, Schnapper und Papageifische. Gelegentlich sieht man Stechrochen und weidende Meeresschildkröten (letztere trifft man überall bei den Inseln von Lakshadweep), auch eine ansässige Gruppe Sandaale und eine Gelbgefleckte Muräne. Für Fotografen

*Oben: Ein Schwarm neugieriger Orientalischer Süßlippen* (Plectorhinchus orientalis). *Die Riffe der Lakshadweeps werden wenig betaucht; die Fische sind demzufolge zahlreich und zutraulich.*

ist es ein schöner Tauchgang, da die Sicht gut und die Vielfalt der Pflanzen und Tiere überwältigend ist. Auch der Schneckenfreund kommt auf seine Kosten.

### *Manta Point*

Wegen der Mantas zu Saisonbeginn bei Tauchern sehr beliebt ist Manta Point. Auch wenn die Mantas nicht ständig vor Ort sind, es gibt noch einiges andere zu sehen. In diesem nur 45 Minuten von der Küste entfernten Gebiet herrscht zwar kaum Strömung, aber Auftrieb, der Tiere aus größerer Tiefe zum Fressen bei den Steinkorallen nach oben bringt. Die Sicht beträgt normalerweise 20 m oder mehr, die Tiefe durchschnittlich 18 m, wenngleich man bei sehr guter Sicht bis auf 30 m hinunter kann. Bei einem guten Tauchgang zeigen sich viele Schwarmfische, Barrakudas, Adlerrochen, Stechrochen und Mantas. Im Flachwasser sieht man oft Suppenschildkröten und Echte Karettschildkröten, und gelegentlich schwimmt ein Weißspitzen-Riffhai oder Ammenhai vorbei. Es ist kein Tauchgang für Makrofotografen.

### *Shipwreck*

Etwa 60 Bootsminuten entfernt liegt das Wrack der *Princess Royal*, eines englischen Handelsschiffs von 1792. Das Tauchgebiet heißt einfach Shipwreck. Das Wrack liegt in etwa 25 m Tiefe, es herrscht meistens kaum Strömung, sodass es ein einfacher Tauchgang ist. Es ist eine Alternative zum hier üblichen Rifftauchen. Man sieht noch den Anker, vier Kanonen, Topfscherben und einige Rumpfplanken. Im und beim Wrack tummeln sich viele Fische, wenn auch selten in Schwärmen, und zwischen den Überresten ruhen hin und wieder Meeresschildkröten. Häufig streicht ein Weißspitzen-Riffhai um das Wrack, und meistens sieht man auch Stechrochen und Muränen. Es haben sich einige Steinkorallen angesiedelt, die weiteres Meeresleben anlocken.

*Oben (v.l.n.r.): Riesenmuräne* (Gymnothorax javanicus); *Juwelen-Zackenbarsch* (Cephalopholis miniata); *Blaustreifen-Forellenbarsch* (Plectropomus oligacanthus).
*Unten: Eine Rifflandschaft mit Plattenkorallen.*

## DIE ANDAMANEN

Die Andamanen sind von tropischen Gewässern mit viel Sonne umgeben, was bei der geringen Verschmutzung oder Süßwasserzuflüssen vom Festland zu herrlichem Korallenbewuchs führt. Es gibt Stein- und Weichkorallen in jeder Tiefe. Ein weiterer Grund für die intakte Umwelt ist die geringe Beeinflussung aufgrund der niedrigen Taucherzahlen; auf keiner der Inseln gibt es einen ständigen Tauchveranstalter – es werden immer nur kurzfristig Veranstaltungen durchgeführt. Konsequent werden die Inseln gegenwärtig nur von Kreuzfahrtschiffen von der 450 km entfernten Insel Phuket im Süden Thailands aus angelaufen. Wegen der großen Entfernung sind Fahrten zu den Andamanen auf Januar bis Mai beschränkt.

Herausragende Tauchgebiete sind bisher im Norden und Süden der Hauptinselgruppe entdeckt worden, vor allem an der Ostküste und Inseln im offenen Meer. Das heißt jedoch nicht, dass es an den übrigen Küsten keine lohnenden Gebiete gäbe; sie müssen nur noch ausfindig gemacht werden.

Die Vielfalt des Meereslebens und der Korallen ist eindrucksvoll, und das vor allem im Flachwasser. Es gibt erstklassige Tauchgänge an Steilwänden und submarinen Pfeilern; ebenso erfreulich ist das scheinbar endlose Angebot an

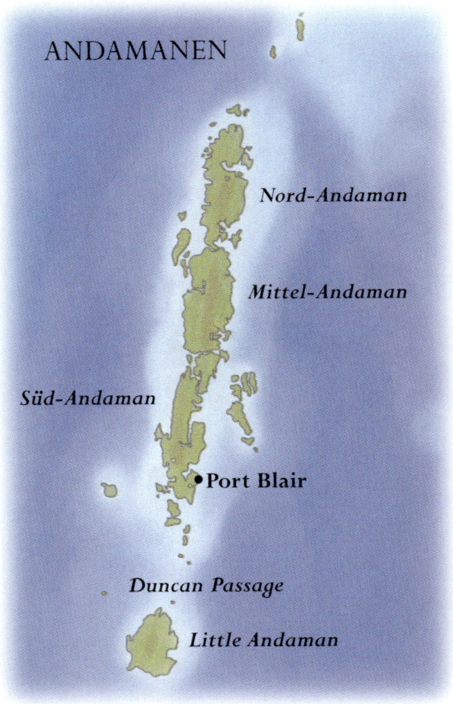


Saum- und anderen Riffen im offenen Meer. Farbenprächtige Rifffische sind im Überfluss vertreten, dazu zahllose niedere Tiere und verschiedene Meeresschildkröten. Auch große pelagische Fische sind häufig zu sehen, sowie die verschiedensten Haie. Graue, Schwarzspitzen- und Weißspitzen-Riffhaie zeigen sich oft, ganz zu schweigen von gelegentlichen Hochseehaien, die aus dem Blau auftauchen. Neben dem vertrauten Anblick kleiner Putzstationen gibt es auch andere, die den Anforderungen sehr viel größerer Besucher genügen wie Barrakudas und verschiedener Rochen.

### Narcondam Island

Die Insel Narcondam liegt 135 km östlich von Nord-Andaman. Die Küste ist überwiegend felsig, an der Nordwestspitze gibt es jedoch einen Kieselstrand, und dort befindet sich auch die Station der Küstenwache. Folgt man der Landzunge, kommt man an einigen flachen Felsbuchten vorbei, wo nur ganz kleine Boote ankern können. Eine, die auch größere Boote aufnehmen kann, ist die Einstiegsstelle für eines der besten Tauchgebiete der Gegend, Neil's Pride.

#### *Neil's Pride*

Dieses Gebiet ist in drei Abschnitte unterteilt. Zunächst fällt direkt unter dem Wasser ein Sockel aus Plattenkorallen sanft auf etwa 20 m ab. Dort wird das Riff abrupt durch ein schmales Felsplateau und dann eine 8 m hohe Steilwand unterbrochen. Jenseits des eigentlichen Riffs stehen schließlich auf dem sanft abfallenden Meeresboden mehrere submarine Pfeiler.

In allen drei Abschnitten herrscht reges Meeresleben. Die Pracht der Korallen im Flachwasser wird von farbenprächtigen kleinen Rifffischen gekrönt, insbesondere Juwelen-Fahnenbarsche. Das Felsplateau ist reichlich mit Weichkorallen und bunten Rifffischen übersät; Juwelen- und Blauflossen-Zackenbarsche, Mondsichel-Lippfische und Masken-Papageifische ergänzen die Farbenpracht der Korallen aufs schönste. Selbst dösende Meeresschildkröten werden von leuchtenden Putzerfischen versorgt.

Der tiefere und letzte Abschnitt von Neil's Pride liegt unerreichbar tief, und es gilt unter anderem, auf Abwärtsströmungen zu achten. Auch Neugier kann den Taucher verleiten, die sichere Tiefe zu überschreiten, da diese verlockenden Pfeiler im Bodenlosen verschwinden.

*Links: Gelbrücken-Füsiliere* (Caesio xanthonota) *an einem typischen fischreichen, korallenbewachsenen Andamanen-Riff.*

Die Pfeiler sind Putzstation, Weidegrund, Paarungsstätte und Zuflucht für Meerestiere aller Art, ansässige wie vorbeiziehende. Kleine Nischen und Spalten sind die abgelegenen Werkstätten fleißiger Krabben und Garnelen, die ihre Besucher von Parasiten befreien.

Die unteren Abschnitte bieten ein berauschendes Bild, denn sie sind gesäumt von mächtigen Gorgonien, die vorbeihuschenden Peitschenkorallen-Zwerggrundeln und Langnasen-Büschelbarschen Schutz bieten. Auch Mantas und Teufelsrochen kommen häufig vorbei, wie verschiedene Riffhaie und einzelne riesige Napoleon-Lippfische.

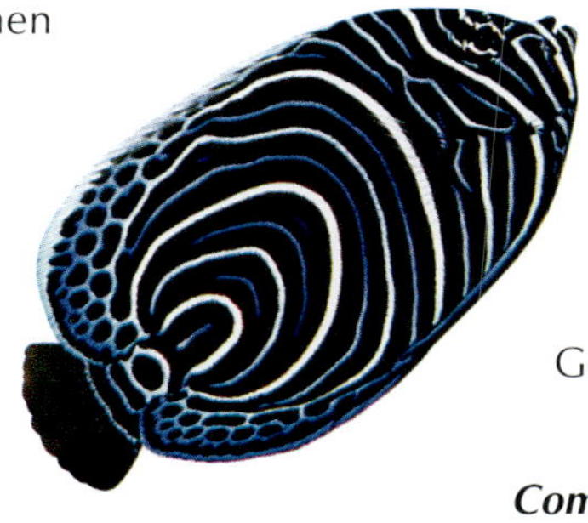

## Barren Island

Barren Island ist eine Insel mit Hängen aus schwarzem Fels, Aschengeröll und im Wasser erstarrter Lava. Sie sind gespickt mit abgebrochenen und verkohlten Baumstümpfen. Die Vulkaninsel liegt 82 km östlich der Südspitze von Mittel-Andaman und hat erst 1995 den letzten Ausbruch erlebt – der einen Krater im Nordwesten schuf und die Insel drei Jahre für jeden Besucher unzugänglich machte. Noch heute hängt Schwefelgeruch in der Luft, denn gelegentlich steigen gelbe Dampfschwaden aus dem nackten Boden auf.

Wie zu erwarten, unterscheidet sich das Tauchen hier vollkommen von dem in anderen Gebieten der Gegend, denn es erfolgt an senkrechten Wänden, die gelegentlich von steilen Hügeln aus schwarzem Vulkangestein unterbrochen werden. Direkt vor der Nordwestspitze der Insel fällt der Boden stellenweise bis auf 80 m ab, läuft aus und bildet eine weite Schlucht, um dann wieder anzusteigen und einen schmalen Grat in 40 m Tiefe zu erreichen. Die Außenwand dieses Grates stürzt auf über 120 m ab. Dieses Gebiet heißt Computer Drop.

### *Computer Drop*

Dies ist ein markantes Tauchgebiet, wenn auch ohne viel Korallen. Es gibt jedoch kleine Tisch- und Geweihkorallen, und im tieferen Wasser schwarze Gorgonien sowie Büsche von weißen Hydrozoen. Die fast schieferartigen Wände und tiefen Bänder bekommen durch leuchtende Haar- und Schlangensterne sowie orange und blaue Tupfer inkrustierter Schwämme Farbe. Die meisten Rifffische an der Wand sind zwar bunt, aber klein. Die Kaiser- und Falterfische verharren zumeist im Stadium von Jungtieren. Zu den wenigen Ausnahmen von dieser Regel gehören Napoleon-Lippfische, Schwärme von Gelbklingen-Nasendoktoren und Weißkehldoktorfischen. Die Aschenhänge zwischen den Wänden werden von zahlreichen unbestimmten Grundeln und ihren symbiotischen Wirten gesprenkelt, blinden Alpheus-Garnelen, die sich bei Gefahr hastig in ihre Bauten zurückziehen.

In den Tiefen dieser Schlucht patrouillieren fast immer große Haie: Schwarzspitzen-, Grauspitzen- und Weißspitzen-Riffhaie, Silberspitzen-Haie und zuweilen auch Hochseearten.

Abseits der Wand tauchen in Schwärmen auf der Suche nach Beute andere pelagische Arten aus der Tiefe auf. Es sind regelmäßig Hundezahn-Tunfische, Große Barrakudas, Querbänder-Barrakudas sowie Regenbogen-Stachelmakrelen zu sehen.

*Mitte: Ein junger Imperator-Kaiserfisch* (Pomacanthus imperator). *Er ist ganz anders gefärbt als Adulte, sodass erwachsene Männchen ihn nicht als Rivalen ansehen.*

*Unten: Ein gelber Haarstern setzt Farbakzente auf einem Riff, das sich mit Weichkorallen, Gorgonien und Juwelen-Fahnenbarschen* (Pseudanthias squamipinnis) *schmückt.*

# MALEDIVEN

Sam Harwood und Rob Bryning

NORDMALE-ATOLL • ARI-ATOLL • FELIDU-ATOLL

Der kleine Inselstaat der Malediven unterbricht die ansonsten ständigen Strömungen im Indischen Ozean. Diese herrliche Inselkette erstreckt sich 868 km von Norden nach Süden und ist nur 130 km breit. Im Norden liegen die Inseln von Lakshadweep, im Süden der Tschagos-Archipel. Alle gehören zum selben Rücken, der 3.000 m vom Boden des Indischen Ozeans aufsteigt.

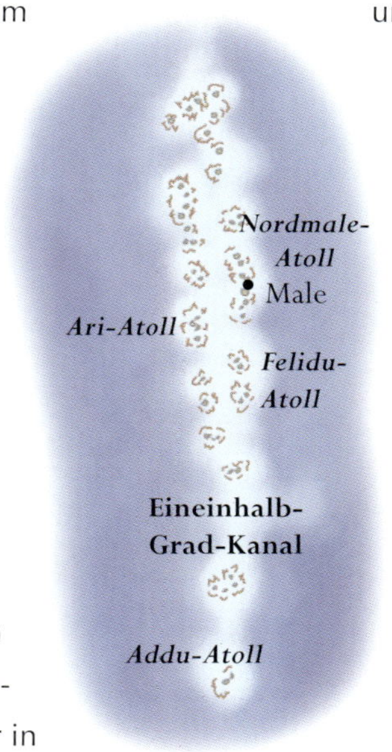


Die etwa 1.200 Inseln der Malediven werden in 26 ringförmigen Riffen zusammengefasst, so genannten Atollen. Jedes Atoll besteht aus einer seichten, nur etwa 35 bis 85 m tiefen Lagune mit einem flachen Sandboden. Um das Atoll läuft das äußere Riff, das steil ins tiefe Wasser abstürzt. Das Riff wird an einigen Stellen von Kanälen durchbrochen, durch die Wasser vom Meer in die Zentrallagune und wieder hinaus fließen kann. An diesen Kanälen liegen die Tauchgebiete, die das Tauchen auf den Malediven zu etwas so Besonderem machen.

Der nördliche Bereich des zentralen Indischen Ozeans ist das einzige Meeresgebiet, dessen Strömungsmuster sich unter dem Einfluss der Monsunwinde zweimal im Jahr ändert. Beim Tauchen auf den Malediven sind diese beiden Jahreszeiten zu berücksichtigen. Unabhängig von der Jahreszeit gilt jedoch: Wenn man auf der Windseite eines Atolls taucht, wo die Strömung vom Meer hineinfließt, sind Sicht und Tauchen hervorragend. Diese Strömungen bringen Nahrung und Leben in die Riffe.

Die Tauchgebiete der Malediven lassen sich in drei große Gruppen unterteilen. An den äußeren Riffen der Atolle ist Strömungstauchen an den Wänden möglich, die steil ins scheinbar Bodenlose stürzen. Bei diesen Tauchgängen sieht man Riffleben aller Art und beim Blick ins unendliche Blau zum Lohn vielleicht sogar Haie, riesige Tunfische, Seglerfische oder Delfine.

Für die Taucher am aufregendsten sind vielleicht die Kanäle, die den Ring um die Atolle durchbrechen. Durch sie strömt Meerwasser hinein und führt in hoher Konzentration Kleinstlebewesen mit, die Hauptnahrung unzähliger Fische, die die Riffe bewohnen. Es ist, als ob am Eingang der Kanäle eine unsichtbare Grenze verliefe: Die Rifffische schwimmen genau bis dorthin, um das nährstoffreiche Wasser abzupassen, und bilden zum Schutz riesige Schwärme, denn direkt vor dem Kanaleingang lauern die pelagischen Raubfische auf Beute. Den meisten Fischen hat es offenbar nichts angetan, aber die Steinkorallen sind nach dem El Niño von 1997/98 stark ausgebleicht.

Die dritte Gruppe der Tauchgebiete ist das *Thila*. Das ist ein kleines submarines Riff meist in der Mitte eines Kanals. Die meisten *Thilas* sind länglich, das Riffdach liegt in 8 bis 10 m Tiefe, und die Abhänge fallen bis zum Atollboden in 35 bis 40 m ab. Die *Thilas* sind eine Oase für das Meeresleben und bieten großartiges Tauchen.

*Links: Die Malediven sind berühmt für ihre herrlichen Palmenstrände und unberührten Inseln.*
*Rechts oben: Von Einheimischen gebaute* Dhonis *vor einer typischen Ferienanlage.*

**Klima**
Tropisch: Es ist bei Landtemperaturen von 25–30 °C ganzjährig heiß und feucht. In der Regenzeit (Mai–Oktober) fallen pro Monat durchschnittlich 215 mm Niederschlag, in der Trockenzeit (November–April) 75 mm pro Monat.

**Beste Zeit**
Januar–April und August–September.

**Anreise**
Mit internationalen Charter- und Linienflügen zum Flughafen bei Male.

**Wassertemperatur**
Ganzjährig 28–29 °C.

**Sicht** 20–30 m.

**Meeresleben** Arten- und zahlreich.

**Tauchtiefen**
Vom Oberflächentauchen bis 40 m.

**Schnorcheln**
In der Trocken- und Regenzeit auf den gesamten Malediven hervorragende Schnorchelmöglichkeiten.

**Praktische Tipps**
Die meisten guten Tauchgebiete sind nur mit dem Boot zu erreichen, viele davon werden nur mit Kreuzfahrtschiffen angefahren. In der Regenzeit kommen Winde und Strömungen hauptsächlich von Westen. In dieser Jahreszeit können starke Winde die Wahl des Tauchgebiets auf die Windschattenseite der Atolle und Riffe beschränken.

## Jahreszeitliche Schwankungen auf den Malediven

Die Malediven haben zwei unterschiedliche Jahreszeiten, die man als Taucher unbedingt kennen und beherzigen sollte.

***Die Trockenzeit***

Von November bis April herrscht auf den Malediven die Trockenzeit, in der die Voraussetzungen zum Tauchen bei leichten Winden und Strömungen aus Nordost optimal sind. In dieser Zeit fließt klares Wasser von Osten in die Atolle und sorgt für eine grandiose Fischfauna sowie die entsprechenden Tauchbedingungen.

***Die Regenzeit***

Die Monate Mai bis Oktober gelten als die Regenzeit, in der die Winde und Strömungen vorwiegend aus Westen kommen. Man kann nach wie vor hervorragend tauchen, wenngleich eventuell bei starkem Wind, und muss sich unter Umständen auf die Windschattenseite der Atolle und Riffe beschränken.

*Oben: Blick von oben auf ein typisches Atoll.*
*Unten (v.l.n.r.): Zwei nachtaktive Weißsaum-Soldatenfische* (Myripristis murdjan); *Blaumasken-Kaiserfisch* (Pomacanthus xanthometopon); *Buckel-Nasendoktor* (Naso brachycentron).

Die Windseite der Atolle, auf der das Meer hineinströmt, garantiert jedoch unabhängig von der Jahreszeit ausgezeichnete Sicht und herrliches Tauchen. Man taucht in der Strömung, die Leben in die fischreichen Riffe bringt.

Von den 26 Atollen der Malediven darf allerdings nur bei elf getaucht werden. Es gibt jedoch noch viele unerforschte Riffe und hunderte unbekannter Tauchgebiete.

Die bekannten Tauchgebiete sind die, die von den großen Touristenatollen gut zu erreichen sind, also die Atolle Nordmale, Ari und Felidu.

*Oben und unten: Der eindrucksvolle Halsband-Falterfisch* (Chaetodon collare). *Man sieht ihn oft paarweise, manchmal auch in Schwärmen, beim Abweiden von Korallenpolypen.*

**Nordmale-Atoll**

Dieses große Atoll beherbergt die Hauptstadt der Malediven, Male, und den internationalen Flughafen. Es hat 27 Ferieninseln, die überwiegend in der Südregion liegen. Nordmale ist zwar ein belebtes Atoll, weist aber trotzdem einige der besten Tauchgebiete der Malediven auf.

***Girifushi Thila (HP Reef)***

Dieses im Kanal zwischen den Inseln Himmafushi und Girifushi liegende *Thila* ist eines der besten und abwechslungsreichsten Tauchgebiete der Malediven. Das eigentliche *Thila* ragt vom Atollboden in 35 m bis 12 m unter die Oberfläche und besteht aus häusergroßen Blöcken mit zahllosen Spalten und Nischen, Überhängen und Grotten. Jeder Quadratzentimeter des *Thilas* ist mit leuchtenden orange, gelben und blauen Bäumchen-Weichkorallen bedeckt, und es gibt Gorgonien und Schwarze Korallen in großer Zahl.

An einer Stelle des Riffs führt ein Tunnel wie ein Kamin zwischen den Felsen aus 25 m bis zum Riffdach in 12 m hinauf. Da die Strömung beim Atoll zu- und abfließt und so den Weichkorallen Nährstoffe zuführt, schafft sie auch ideale Bedingungen für Rifffische sowie deren pelagische Jäger. Dort, wo die Strömung auf das Riff trifft, bietet sich dem Taucher eine beispiellose Fischvielfalt samt Adlerrochen, umherstreifenden Tunfischen und Barrakudas. Oft sind auch Schwärme von Grauen Riffhaien zu sehen.

Am besten taucht man beim Girifushi Thila frühmorgens in der Trockenzeit (November bis April), wenn die Strömung von Osten hereinkommt. Hier herrschen oft starke Strömungen, die Taucher sollten deshalb strömungsaufwärts vom *Thila* ins Wasser steigen.

Wie überall bei den Malediven tut sich dort am meisten, wo die Strömung auf das Riff trifft. Wer Haie und andere pelagische Arten beobachten möchte, sollte sich dort aufhalten. Farbe, kleinere Fische und niedere Tiere bieten die vielen Grotten und Überhänge an den Hängen von Girifushi Thila.

Girifushi Thila ist ein Schutzgebiet – hier darf also nicht gefischt werden.

### *Boduhithi Thila*

In der Trockenzeit ist Boduhithi Thila der ideale Ort, um Mantas und Walhaie zu beobachten, die in den planktonreichen Gewässern Nahrung suchen. Mit offenem Maul kreuzen sie durch das Wasser und filtrieren es wie ein Riesenstaubsauger.

Der Boduhithi-Kanal ist etwa 0,5 km breit und bis zu 40 m tief. Er weist mehrere große *Thilas* auf, wo man gut Mantas beobachten kann. Am besten ist jedoch das dem offenen Meer am nächsten gelegene *Thila*, das zwar kein perfektes Riffdach bietet, aber aufgrund seiner Lage Mantas anzieht.

In bestimmten Gezeitenstadien scheint es an der Steilwand zu einem Auftrieb kälteren Wassers zu kommen. Wenn das wärmere Atollwasser aus dem Kanal strömt, entsteht eine Thermokline, die planktonreiches Wasser festhält. Dann schlagen sich die Mantas und Walhaie die Bäuche voll, und Taucher wie Schnorchler nehmen unvergessliche Eindrücke von diesen Giganten der Meere mit heim, die sich ausschließlich von Plankton ernähren.

Beim Boduhithi Thila kann man die Mantas beim Fressen und Geputztwerden beobachten. Die Putzstationen sind die Korallenstöcke an der Grenze zum offenen Meer im Zentrum des *Thilas*. Die Mantas reihen sich an der Putzstation auf und warten, bis sie an der Reihe sind. Sie gleiten auf das Korallenmassiv, wo die Putzerfische sofort ans Werk gehen, ins Maul und die Kiemenhöhlen stoßen und die kleinen Organismen und Partikel abzupfen, die an den Mantas haften. Das Putzritual bietet Gelegenheit, Stunden in Gesellschaft dieser sanften Riesen zu verbringen; nur wenn sich Taucher über dem Korallenstock aufhalten, bleiben die Mantas fern.

*Oben: Die Malediven bieten auch gutes Wracktauchen, wie das Wrack der* Skipjack *bei der Insel Kuredu.*
*Rechts: Grauer Riffhai* (Carcharhinus amblyrhynchos).

## Rasfari

Rasfari liegt an der Nordwestecke von Nordmale. In der Regenzeit gelangen klare Meeresströmungen direkt in diesen Teil des Atolls. Am besten taucht sich bei einem kleinen *Thila*, das auf einem Plateau sitzt und dessen Dach in 25 m liegt. Das Plateau befindet sich am Rand einer gewaltigen Steilwand etwa 70 m vom eigentlichen Riffring entfernt.

Auch wenn das *Thila* bei starker Strömung unter Umständen schwer zu erreichen ist, lohnt der Versuch, da es große Fische wie ein Magnet anzieht, vor allem Adlerrochen und große Barrakudas, aber auch Graue Riff- und Silberspitzen-Haie. An einem guten Tag schwimmt man vor einer ganzen Mauer von Grauen und Weißspitzen-Riffhaien, und dazwischen ein Geschwader Adlerrochen.

Unter dem Rand der Steilwand in 40 m Tiefe gibt es einige üppig bewachsene Grotten mit einem schönen Bogendurchgang. Zwischen *Thila* und Hauptriff liegen einige sehr schöne sandige Rinnen, wo hunderte von Sandaalen in der Strömung schwanken. Hier ruhen oft Weißspitzen-Riffhaie und lassen sich putzen, und Stechrochen liegen getarnt im Sand. Gegenüber dem *Thila*, oben auf dem Hauptriff, befindet sich ein ungewöhnliches Gebilde aus Korallen und Sand, das einem Swimmingpool ähnelt, knapp 100 m lang und 50 m breit, und mit abwechslungsreichem Meeresleben. In der Trockenzeit ist Rasfari nicht so interessant.

*Oben: Weich- und Zäpfchenkorallen im Wettstreit um Platz.*
*Rechts: Ein Vlamings Nasendoktor* (Naso vlamingii).
*Unten: Ein gut getarnter Schneeflocken-Zackenbarsch* (Epinephelus caeruleopunctatus).

## Ari-Atoll

Das Ari-Atoll 50 km westlich von Male war eines der ersten Touristenatolle. Dort gibt es heute 27 Ferienanlagen, und auch viele berühmte Tauchgebiete finden sich hier.

### *Madivaru (Hammerhead Point)*

Der große Artenreichtum ist eine der Hauptattraktionen der Malediven. An einer Stelle können Taucher das Abenteuer Grauer Riffhai erleben, an einer anderen das Schauspiel weidender Mantas, und hier in Madivaru lockt die Begegnung mit dem scheuen Hammerhai.

Dies ist ein aufregender Tauchgang, nicht zuletzt, weil die ideale Zeit dafür der Sonnenaufgang ist und die Taucher im offenen Meer oft das Riff nicht sehen und sich so nicht orientieren können. Madivaru, im kleinen Rasdu-Atoll im Nordteil von Ari gelegen, ist ein enger Kanal am offenen Meer mitten im tiefen Wasser.

Nach dem Einstieg schwimmen die Taucher auf den Sonnenaufgang zu und lassen das Riff hinter sich. Die Hammerhaie sieht man meistens in 25 bis 35 m Tiefe. Sie leben zwar im offenen Meer, jagen aber auch bei den Riffen. Der Anblick einer Ansammlung von Hammerhaien lässt das Herz schneller schlagen, und die eindrucksvollen Tiere werden, wenn man einmal in ihrem Territorium ist, immer neugieriger.

### *Maayathila*

Dies ist ein sehr berühmtes Tauchgebiet der Malediven und bekannt für die dort ansässigen Grauen Riffhaie. Das *Thila* bietet aber auch sonst ein reges Meeresleben.

Das Gebiet liegt unmittelbar innerhalb des Atollrings im Nordostteil von Ari und im Einzugsbereich der nährstoffreichen Strömungen, die in den Kanal drängen. Man kann das nur 30 m große Riff in einem Tauchgang leicht umrunden, es ist aber, wie immer, die Strömungsspitze, an der sich die Tätigkeit unter Wasser konzentriert. Wenn man dort einsteigt, wo die Strömung auf das Riff trifft, beeindruckt zunächst vor allem das dichte Fischtreiben. Ständig huscht ein Schwarm Füsiliere hin und her, um den tückischen Angriffen der Hundezahn-Tunfische und Stachelmakrelenrudel auszuweichen. Nimmt man dann noch die Grauen und Weißspitzen-Riffhaie hinzu, die Meeresschildkröten, Stein- und Krötenfische, die Großen Netzmuränen,

*Oben: Die bewohnte Insel Dangheti im Ari-Atoll wird oft von Touristen von den Nachbarinseln besucht.*
*Links: Eine Pracht-Schwertgrundel* (Nemateleotris magnifica) *mit dem ausgeprägten ersten Rückenflossenstrahl.*
*Unten: Weichkorallen gibt es auf den Malediven in Fülle.*

Fledermausfische und die vielen anderen Arten, auf die man in Maayathila trifft, hat man einen wirklich grandiosen Tauchgang.

Auch vom Gelände her ist das Riff mit seinen vielen Höhlen, Überhängen und freien Felsen ein lohnendes Objekt. Nördlich des *Thilas* liegt ein großer einzelner Fels, der einen Besuch wert ist. Seine senkrechten Wände fallen bis zum Atollboden in 40 m ab, und er ist mit vielen Weichkorallen und auch einigen großen Schwarzen Korallen bewachsen. Hier sind häufig ein großer Schwarm Gewöhnlicher Großaugenbarsche und Querbänder-Barrakuda zu sehen, die direkt vor der Spitze in der Strömung lauern.

Im Kanal zwischen dem einzelnen Felsen und dem *Thila* patrouillieren häufig Graue Riffhaie. Südlich des *Thilas* liegt noch ein kleinerer vereinzelter Felsen; auf dieser Seite des *Thilas* ist der Korallenbewuchs zwar spärlicher, das Tauchen lohnt hier aber trotzdem.

Maayathila ist eines der besten Nachttauchgebiete der Malediven. Die Füsiliere, die man tagsüber in Schwärmen sieht, suchen nachts Schutz in den Spalten des Riffs. Es gibt mehr Fische als Zufluchtsmöglichkeiten, und die Dunkelheit verschafft den Haien und Muränen Gelegenheit, Beute zu machen. Man kann dies gut im Schein der Lampen beobachten.

***Kudarah Thila***

Das schöne Gebiet von Kudarah Thila liegt im Dhigurah-Kanal in der Südwestecke des Ari-Atolls. Das Riff hat eine ungewöhnliche und faszinierende Topografie und den großen Vorteil, dass man dort sowohl in der Trocken- wie Regenzeit und außer bei sehr starker Strömung ausgezeichnet tauchen kann.

Vom Atollboden in etwa 40 m Tiefe wächst ein großes Plateau aus vier mächtigen Korallenstöcken bis auf 12 m unter die Oberfläche empor. Da Kudarah Thila nur 100 m im Durchmesser misst, kann man es in einem Tauchgang umrunden. Alle Korallenstöcke sind zwischen 15 und 25 m unterhöhlt und bieten fantastische Grotten, die vollgestopft sind mit farbenprächtigen Weich-, Peitschen- und Hornkorallen.

Die Rinnen zwischen den vier Erhebungen führen zu einem zentralen Becken, in dem sich Fische in großer Zahl aufhalten, darunter ein Riesenschwarm Blaustreifen-Schnapper. Achten Sie auf die Trompetenfische, die den am Riff jagenden Schnappern wie ein Schatten folgen.

Wo die Strömung auf das Riff trifft, kann man Graue Riffhaie, Riesen-Zackenbarsche, große Stachelmakrelen und Schwärme von Regenbogen-Stachelmakrelen sehen. Es ist ein fesselnder, abwechslungsreicher Tauchgang.

*Oben: Nahaufnahme einer Blasenanemone* (Entacmaea quadricolor) *mit den Anschwellungen an den Tentakeln, zwischen denen einige Anemonenfische Schutz finden.*

*Unten: Der Grüne Haarstern klammert sich an das Riff und fängt mit den gefiederten Armen Plankton.*

### ***Hukuruelhi Faru***

Tauchen während der Trockenzeit im südlichen Teil des Ari-Atolls wäre ohne einen Besuch der Mantaspitze beim Hukuruelhi Faru (allgemein Madivaru genannt) unvollständig. Hier kann man besonders gut Mantas beobachten, die sich an dem sanft abfallenden Riff von den vielen Putzergarnelen putzen lassen, die auf dem Riffdach leben.

In der Trockenzeit führt die aus dem Hukuruelhi-Kanal kommende Strömung große Mengen Plankton mit. Das lockt die Mantas an, die man in großer Zahl an der Oberfläche weiden und beim Putzen sehen kann. Auch Walhaie werden dann angezogen, die, obwohl keine Riffbewohner, durch die Enge des Kanals und die Strömung dicht bis an das Riff gebracht werden.

*Links: Diese vielgestaltige Rifflandschaft zeugt von der Güte der Tauchgebiete auf den Malediven. Deshalb kommen passionierte Taucher auch immer wieder hierher – spannen auf einer der Ferieninseln aus oder frönen auf einem der vielen Kreuzfahrtschiffe ganz dem Tauchen.*

*Unten: Ein Schlangenstern verschafft sich mithilfe einer Peitschenkoralle Zugang zu im Wasser treibendem Plankton.*

**Felidu-Atoll**

Das ungewöhnlich geformte Atoll 56 km von Males internationalem Flughafen entfernt bietet ein ganz anderes Tauchen als bei den *Thilas* und Riffen der erschlosseneren Atolle von Nordmale und Ari. Mit seinen nur zwei Ferieninseln ist das Felidu-Atoll unberührt und von einem beschaulichen Frieden geblieben.

***Miaru Kandhu***

*Miaru* heißt auf Divehi »Hai«, und hier geht es wirklich um große Fische. Es ist aufgrund der starken Strömungen, die in der Trockenzeit in das Atoll drücken, ein anspruchsvoller Tauchgang.

Miaru Kandhu (*kandhu* heißt auf Divehi »Kanal«) ist etwa 100 m breit und 30 m tief. Der Kanaleingang liegt an der Ostseite des Felidu-Atolls und stürzt senkrecht in die Tiefe. Wenn man in 30 m am Boden des Atolls quer durch die Kanalmündung schwimmt, trifft man häufig auf Schwärme Grauer Riffhaie, während große Ansammlungen von Adlerrochen in der Strömung tanzen und große Tunfische ihre Runden drehen. Draußen im offenen Meer kann man vor der Kanalmündung auch Hammerhaie beobachten.

Es ist ein großartiges Taucherlebnis, in einen solchen Kanal hinauszuschwimmen, ohne das Riff auf der anderen Seite zu sehen und dennoch über einem Steilabsturz im Reich der großen Fische zu schweben.

In der Trockenzeit bietet die Ostseite des Felidu-Atolls wirklich herrliches Kanaltauchen. Die bootsförmige Gestalt des Atolls zieht die vorwiegend nordöstlichen Strömungen mitsamt den Nährstoffen und zahllosen farbenprächtigen Fischen wie ein Trichter in den Kanal, und das alles bei makelloser Sicht.

In der Regenzeit, wenn die Strömung aus den Kanälen kommt, nehmen die klare Sicht und die Haie im Miaru Kandhu ab, aber an der inneren Riffecke kann man immer noch gut Mantas beobachten, die sich dort putzen lassen.

*Mitte: Orangestreifen-Drückerfisch* (Balistapus undulatus).
*Rechts: Ein Schwarm Leuchtfleck-Straßenkehrer* (Gnathodentex aurolineatus). *Sie sind nachtaktiv.*
*Unten: Sepien* (Sepia officinalis vermiculata) *sind keine Fische, sondern Weichtiere. Sie sind mit den Kalmaren und Kraken verwandt, können gut sehen und ihre Färbung ändern. Bei Gefahr werden sie dunkel, stoßen eine Tintenwolke aus, werden dann wieder hell und fliehen rückwärts.*

***Foteyo Kandhu***

Foteyo Kandhu oder -Kanal liegt am Saumriff, der den östlichsten Punkt der Malediven markiert. In der Trockenzeit strömt klares Meerwasser durch den engen Kanal ein, was die überwältigende Schönheit des Gebiets steigert.

Der Kanal ist etwa 200 m breit, wird aber durch ein großes *Thila* in zwei schmale Passagen unterteilt, das bis auf 3 m unter die Oberfläche aufragt. Die Vorderseite des Kanals ist eine senkrechte Wand, die mehrere tausend Meter bis zum Grund des Indischen Ozeans abfällt.

Die Steilwand weist zwischen 20 und 50 m eine Reihe von Grotten und Überhängen auf. Die Grottendecken sind mit herrlich leuchtenden orange, blauen und gelben Weichkorallen geschmückt, in den Grotten selbst wimmelt es von Fischen. Frühmorgens werden Taucher an dieser gewaltigen Wand unter Umständen durch den Anblick von Hammerhaien belohnt.

Hier kann man im Grunde alle pelagischen Arten antreffen. Die östliche Passage hat einen weißen Sandboden in 16 m und wird allgemein als Drückerfischweg bezeichnet, da große Gelbsaum-Drückerfische hier ihre Nester bauen.

In der Regenzeit ist die Sicht im Kanal eingeschränkt. Es bleibt trotzdem ein großartiges Tauchgebiet, in dem man immer wieder Mantas sieht, die in der austretenden Strömung fressen und sich auf dem seichten Riffdach putzen lassen. Am besten ist das Gebiet selbstverständlich in der Trockenzeit, und wenn das Wasser vom Meer einströmt, ist auch die Sicht am besten.

Ganzjährig sieht oder hört man Delfinherden, die regelmäßig vom Meer zum Atoll ziehen.

*Links: Eine typische Putzstation für Mantas besteht aus einem massiven Korallenstock, der von vielen Putzerlippfischen und Fahnenbarschen bewohnt wird. Die Mantas schweben über einem solchen Korallenstock, während die Putzerfische ihre Arbeit verrichten und die Parasiten ablesen.*

*Folgende Seite: Weichkorallen und eine Fülle kleiner Rifffische beleben ein Riff auf den Malediven.*

## Meeresschildkröten

*Meeresschildkröten sind Relikte aus vorgeschichtlicher Zeit, als Reptilien die Meere und das Land beherrschten. Sie haben bis heute überlebt, obwohl sie ihre Eier an Land ablegen. Die Eier sind dem Menschen und anderen Räubern ausgeliefert, und die frisch geschlüpften Jungen müssen den gefährlichen Weg zwischen Krabben und Seevögeln hindurch bis ins Meer bewältigen, wo Haie und Fische sie im Flachwasser angreifen. Zum Ausgleich legen die Weibchen in der Brutzeit hunderte von Eiern.*

*Im Wasser wird das Gewicht ihres massigen Schutzpanzers durch den Auftrieb verringert, was sie zu äußerst guten Schwimmern macht. Die Jungtiere treiben in Matten aus Meerespflanzen nahe der Oberfläche und ernähren sich von schwimmenden Tieren. Die ausgewachsenen Schildkröten ernähren sich am Boden und in Küstennähe. Unechte Karettschildkröten fressen Schnecken, Muscheln, Langusten, Krabben, Seeigel und sogar Fische, erwachsene Lederschildkröten dagegen ausschließlich Quallen. Erwachsene Suppenschildkröten leben von Algen und Seegras.*

*Von den sieben Meeresschildkrötenarten kommen fünf im Indischen Ozean vor, darunter die kleinste, die Bastardschildkröte und die größte, bis 180 cm große Lederschildkröte.*

*Links oben: Junge Meeresschildkröten im Flachwasser der Malediven.*
*Oben: Eine Echte Karettschildkröte* (Eretmochelys imbricata) *weidet Schwämme ab.*

*Unten: Eine Suppenschildkröte* (Chelonia mydas) *schleppt sich zurück ins Meer, nachdem sie am Strand Eier abgelegt hat. Ungewöhnlich ist, dass sie am Tag unterwegs ist, die Eiablage erfolgt eigentlich nachts.*

# DER TSCHAGOS-ARCHIPEL

Charles Anderson

SALOMON-ATOLL • PEROS BANHOS-ATOLL • GREAT TSCHAGOS BANK

Tschagos, eine Gruppe von Atollen und Riffen mitten im Indischen Ozean, liegt 480 km südlich der Malediven und etwa 1.600 km vom nächsten Festland (Sri Lanka) entfernt und ist damit besonders schwer zu erreichen.

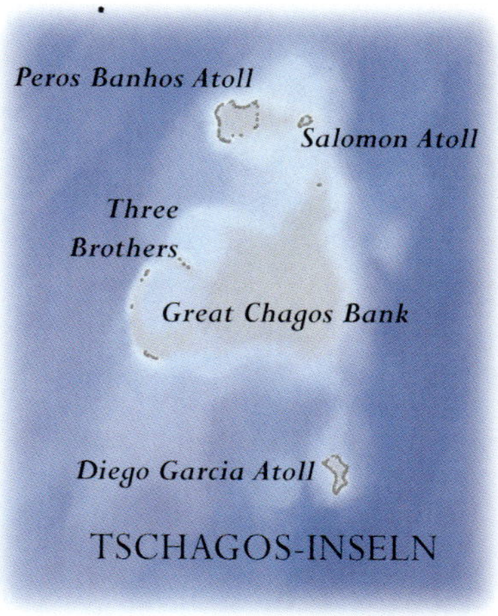


Der Tschagos-Archipel besteht aus fünf Atollen und zehn Riffen sowie überspülten Sandbänken. Die insgesamt etwa 50 Inseln sehen denen der Malediven sehr ähnlich. Auf dem südlichsten Atoll, Diego Garcia, befindet sich ein amerikanischer Militärstützpunkt. Die übrigen Inseln sind unbewohnt. Wegen der Militärpräsenz ist der gesamte Archipel Sperrgebiet. Charter-Tauchfahrten dorthin sind nicht möglich. Dem Taucher bleiben nur drei Wege: zum Militär gehen, mit einer Privatyacht anreisen oder sich einer offiziellen wissenschaftlichen Expedition anschließen.

Die Tschagos-Inseln waren den Maledivern und arabischen Seefahrern seit langem bekannt, wurden aber erst zur Kenntnis genommen, als die Europäer kamen. Nach der Entdeckung durch die Portugiesen Anfang des 16. Jahrhunderts wurden die Inseln zunehmend genutzt. Zunächst als Zwischenstation und Wasserstelle für Segelschiffe, dann als Kokosplantage, kurz als Kohlenstation für Dampfschiffe und später als Militärbasis.

Die Benennung der Inseln spiegelt das Kommen und Gehen der europäischen Seereiche. Die Namen Diego Garcia und Peros Banhos stammen von frühen portugiesischen Seefahrern. Von Plantagenarbeitern bewohnte Inseln tragen französische Namen wie Île de la Passe, Île Poule und Île du Sel. Exponierte Inseln und Riffe, die die Briten erstmals in den 1830er Jahren kartografisch erfassten, bekamen stolze militärische Namen wie Victory Bank, Nelson's Island und Blenheim Reef.

Gegen Ende des 18. Jahrhunderts erhoben Franzosen und Briten Anspruch auf die Inseln, und erstere richteten auf einigen Inseln Kokosplantagen ein. Die Einnahme von Mauritius (von wo die Franzosen Tschagos verwaltet hatten) 1810 brachte die Inseln jedoch fest in britische Hand, was auch 1814 im Vertrag von Paris ratifiziert wurde. Der Tschagos-Archipel ist bis heute britisch geblieben und heißt jetzt offiziell Britisches Territorium im Indischen Ozean.

1966 wurde von Großbritannien und den USA ein für 50 Jahre geltendes Verteidigungsabkommen geschlossen, das den USA die Nutzung der Inseln zu Verteidigungszwecken einräumt. Nach dem Abkommen sind auf den Inseln keinerlei wirtschaftliche Aktivitäten erlaubt. Deshalb wurden auch die Kokosplantagen geschlossen, und die Plantagenarbeiter mussten nach Mauritius ziehen. Der alte Friedhof auf der Île Boddam im Salomon-Atoll und die Fabrikruinen der Plantage auf der Île du Coin im Peros Banhos-Atoll sind stumme Zeugen eines vertriebenen Lebens.

*Links: Der wunderschöne Gemeine Wimpelfisch* (Heniochus acuminatus).
*Rechts oben: Ein Strand auf der Île de la Passe.*

**Klima**
Tropisch heiß. Von etwa Mai bis September wehen starke Passatwinde von Südost. Von Oktober bis April gehen leichte bis mäßige Winde vorwiegend aus Nordwest. März/April ist mit durchschnittlich 29–30 °C die wärmste Zeit des Jahres. Im Juli bis September ist es mit durchschnittlich 26–27 °C am kühlsten.

**Beste Zeit**
Ruhigste Bedingungen von Januar bis April. Auch der Juli soll relativ ruhig sein.

**Anreise**
Nicht einfach! Der Militärstützpunkt in Diego Garcia ist grundsätzlich Sperrgebiet, wurde von ausgewiesenen Wissenschaftlern aber schon genutzt. Die beste Alternative ist eine Privatyacht.

**Wassertemperatur** 25–31 °C.

**Sicht**
Gut, bis 30 m. Kann in den Atollen zuweilen unter 15 m sinken.

**Meeresleben**
Sehr gut. Ähnlich dem bei den Malediven, jedoch mit interessanten Unterschieden wie einem endemischen Anemonenfisch und Korallenarten. Bei Steinkorallen ist es zu Ausbleichungen gekommen.

**Schnorcheln** Ausgezeichnet.

**Tauchtiefen**
Ausschließlich Rifftauchgänge von 2 bis über 40 m Tiefe. Äußere Atollabhänge fallen bis zum Meeresgrund ab.

Wer dennoch den Weg zu den Tschagos-Inseln findet, wird feststellen, dass das Tauchen dort dem auf den Malediven sehr ähnelt. Die Riffe sind im Wesentlichen gleich, genau wie die meisten Korallen und Fische. Es gibt jedoch einige interessante Unterschiede. Die bei den Tschagos-Inseln so häufigen »küstennahen« überfluteten Riffe gibt es bei den Malediven nicht. Außerdem leben bei den Tschagos-Inseln einige Meerestiere, die nirgendwo sonst auf der Welt vorkommen.

Eines ist die Hirnkoralle *Ctenella chagius*. Die meisten Korallen sind geografisch sehr weit verbreitet; warum diese Art auf das kleine Gebiet bei den Tschagos-Inseln beschränkt ist, ist ein Rätsel. Eine ebenfalls endemische Art ist der Tschagos-Anemonenfisch *Amphiprion tschagosensis*. Wie alle Anemonenfische lebt er ausschließlich in Partnerschaft mit einer großen Seeanemone, in diesem Fall der Prachtanemone *Heteractis magnifica*.

**Salomon-Atoll**

Salomon ist ein relativ kleines, nur 8 km langes Atoll, aber fast vollkommen eingeschlossen. Es bietet folglich besonders sichere Ankermöglichkeiten und ist der Favorit bei den Yachtseglern. Der einzige Zugangskanal an der Nordseite ist zwar breit, aber nur 8 m tief. Dieser Kanal bietet großartiges Tauchen. Einkommende Strömung bringt klares Wasser vom Meer und auch etwas Sicherheit, denn die Strömung treibt den Taucher ins Atoll, nicht hinaus aufs offene Meer, falls er den Kontakt zu seinem Boot verliert.

Außen am Kanal fällt das Riff steil ab. An der Kante gibt es wunderbare Tischkorallen, die weiter unten am Abhang durch schöne Gorgonien ersetzt werden. Hier kann man nach dem Tschagos-Anemonenfisch Ausschau halten, der Abhänge offenbar den flacheren Riffdächern vorzieht. Dies ist auch ein Ort für Haie, wenngleich der Haibestand selbst hier durch illegales Fischen beeinträchtigt wird.

Das Atollbecken von Salomon ist ziemlich flach, meist weniger als 20 m, ganz im Gegensatz zu den weit tieferen Becken des Peros Banhos-Atolls und der Great Tschagos Bank. Vielleicht weisen weite Teile des Bodens deshalb einen so reichen Korallenbewuchs auf. Egal wo man im Salomon-Atoll ankert, ein Tauchgang lohnt wahrscheinlich immer. Achten Sie auch auf Meeresschildkröten. Im korallenreichen Salomon-Atoll (und in Peros Banhos) sind Echte Karettschildkröten besonders häufig. In der Lagune von Diego Garcia gibt es dagegen ausgedehnte Seegrasweiden und viele Suppenschildkröten.

**Peros Banhos-Atoll**

Das Peros Banhos-Atoll ist größer und offener als das Salomon-Atoll, man findet jedoch bei den Inseln an der Westseite einen sicheren Ankerplatz. Einige Inseln auf der Ostseite sind bedeutende Vogelinseln, die man, wie es heißt, zu Schutzgebieten machen will.

***Mapau Garden***

In der Nordwestecke des Peros Banhos-Atolls bietet die Île Diamant einen geschützten Ankerplatz. Von dort kann man im großen Kanal-

*Links: Ein Riffabschnitt mit Geweihkorallen.*
*Oben: Eine Echte Karettschildkröte* (Eretmochelys imbricata).
*Gegenüber links: Meeresnacktschnecke* (Nembrotha sp.).
*Gegenüber rechts: Prächtige Seescheiden vor Peros Banhos.*

eingang oder draußen am steilen Atollriff nach Norden zu tauchen. Mein Lieblingsgebiet ist jedoch ein kleines geschütztes Riff an der Innenseite der Île Mapou direkt im Süden. Hier bietet eine ruhige flache Einbuchtung reichlich Grundzeit zwischen üppigen Korallen, in die weiße Sandflecken eingestreut sind. Ideal für den Makrofotografen, der versteckte Lippfische und Grundeln jagt und schöne Nacktschnecken sowie Plattwürmer sucht.

### *Vienna Rock*

In der Südwestecke des Atolls nahe der Île du Coin kann man hervorragend tauchen, wobei einige große Korallenstöcke direkt im Norden einen Abstecher wert sind. Mein Lieblingsgebiet liegt jedoch an der Nordseite der Île Vache Marine – »Vienna Rock«, benannt nach einem österreichischen Pärchen, das mir davon erzählt hat. Es ist ein Pfeiler aus Korallenfels, der von etwa 15 auf 8 m aufragt und voller Meeresleben steckt. Dicht stehende Hornkorallen sprießen von den Wänden, und in ihrem Schatten hält ein bunter Teppich aus Schwämmen und Seescheiden reiche Jagdgründe für den Makrofotografen bereit.

### Great Tschagos Bank

Great Tschagos Bank ist ein riesiges Labyrinth aus Korallenriffen, die größtenteils überflutet sind. Für die meisten Wissenschaftler ist die Bank gar kein Atoll, weil es überwiegend überflutet ist und man nicht viel über den Ursprung weiß. Falls es doch ein richtiges Atoll ist, wenn

auch ein teilweise überflutetes, dann ist es das bei weitem größte Atoll der Erde. Seine Gesamtfläche beträgt 18.100 km². Zum Vergleich: Sämtliche Atolle der Malediven haben zusammen eine Fläche von 20.700 km².

Die Bank besteht aus nur acht Inseln, die alle am nördlichen und westlichen Rand liegen und überwiegend wichtige Nist- und Ruheplätze für Seevögel sind. Sie gelten deshalb als potenzielle Naturschutzgebiete, sodass der Zutritt nur noch mit einer Sondergenehmigung möglich wäre.

### *Three Brothers*

Diese Gruppe kleiner Inseln liegt an der Westseite der Bank. Three Brothers besteht aus vier Inseln, von denen die letzte neueren Datums zu sein scheint, da sie auf der Karte von 1837 nicht verzeichnet war und auch auf älteren französischen Karten nicht erwähnt wurde. Dieser Nachzügler ist nichts als ein Ruheplatz für Seevögel aus Sand und Korallenschutt.

Weil der Atollsaum von Great Tschagos Bank nicht vollständig ist, stürmen auf Big Brother von allen Seiten mächtige Wogen ein, selbst an ruhigen Tagen. Unter Umständen ist auf keiner Seite sicheres Ankern möglich. Ein möglicher Ankerplatz liegt an der äußersten Südostseite

des Riffs von Middle Brother. Da ist man gleich an einer reichen Korallenwand und über einer flachen Sand- und Riffstufe in 18 m Tiefe. Leichter kann ein Einstieg nicht sein – man springt einfach vom Boot in einen korallengesäumten Swimmingpool mit einer Sicht von 30 m und mehr. Der Nachteil ist, dass das Boot in der Dünung wahrscheinlich wild auf und ab tanzt, sodass es schwierig wird, wieder an Bord zu kommen.

Trotz oder vielleicht gerade wegen der rauen Bedingungen ist das Tauchen außergewöhnlich. Es gibt herrliche Steinkorallen, unter anderem einen Flecken mit Blauen Korallen (*Heliopora sp.*) auf dem Abhang des Hauptriffs, sowie einige ungewöhnliche Schwämme. Verschiedene Papageifischarten, zahlreiche Stachelmakrelen, Kaiser- und Krötenfische sowie viele kleinere Arten erfreuen den Fischfreund.

### *Nelson's Island*

Ein weiterer exponierter Außenposten, der von Seevögeln geschätzt, aber selten von Menschen besucht wird. Selbst an ruhigen Tagen macht die Dünung einen Landgang unter Umständen zu riskant. Das Tauchen an der Südseite beschert jedoch reinstes Vergnügen. Das weite, sanft abfallende Riff hat den dichtesten Tischkorallenbewuchs, den ich je gesehen habe. Oberhalb von 10 m ist nur noch nackter Fels, was auf die gewaltige Dünung weist, die selbst an dieser »geschützten« Seite herrschen kann.

Zwischen 20 und 25 m endet der üppige Korallenhang abrupt, wo er auf Sand trifft. An der Grenze zwischen Riff und Sand gibt es ein paar Grotten, in denen die verschiedensten Nacktschnecken, Grundeln und andere kleine Geschöpfe leben. Auch große Ammenhaie hat man hier schon gesichtet.

*Oben: Ein unberührter Strand auf einer Tschagos-Insel. Unten: Ein Taucher erforscht eine blühende Riffgemeinschaft. Gegenüber oben: Der Tschagos-Anemonenfisch* (Amphiprion chagosensis) *kommt, wie der Name sagt, nur im Tschagos-Archipel vor. Gegenüber unten: Eine kleine, fast durchsichtige kommensale Garnele sucht Schutz in einer Seeanemone.*

# SRI LANKA

Charles Anderson

NEGOMBO THIRD REEF • HIKKADUWA • GREAT BASSES REEF

Sri Lanka steht bei den meisten Tauchern nicht auf der Liste der Wunschziele. Das ist bedauerlich, denn die Insel hat nicht nur eine herrliche Landschaft, faszinierende Bauten und liebenswerte Menschen aufzuweisen, sondern auch ein paar äußerst gute Tauchgebiete.

Zu den Pionierzeiten der 50er und 60er Jahre war Sri Lanka (damals noch Ceylon) im Indischen Ozean das unumstrittene Tauchziel Nummer eins. Auch heute bietet es noch einige der besten Tauchgebiete der Region – man muss nur wissen, wo man suchen soll.

Die küstennahen Tauchgebiete sind meistens ziemlich trüb, die küstennahen Riffe oft beeinträchtigt. Normalerweise muss man ein Stück aufs Meer hinausfahren. Dort kann es dann ziemlich tief werden, wenngleich zwei der hier ausgewählten Topgebiete relativ seicht sind.

Unbedingt zu berücksichtigen ist, dass die Insel stark dem Monsun ausgesetzt ist. Man muss seinen Tauchurlaub also sorgfältig planen, um gutes Wetter zu haben. Die meisten Tauchschulen an der beliebten Südwestküste (z. B. in Bentota-Beruwela, Hikkaduwa, Unawatuna, Weligama und Dikwella) haben nur bei Nordostmonsun von September/Oktober bis April/Mai geöffnet. Vor Negombo kann man am besten von Januar bis April tauchen. Das Great Basses Reef vor der Südostküste ist beiden Monsunperioden ausgesetzt und nur im März und April zugänglich. Wenn die politische Lage es zulässt, bestehen einige gute Tauchmöglichkeiten vor der Ostküste, insbesondere bei Trincomalee und Nilaveli. Für das Tauchen an der Ostküste ist jeweils der letzte Teil der Nordost- und Südwestperiode die beste Zeit, also von März bis Mai (dann kann man auch am besten Wale beobachten) und von August bis November. Im Juni/Juli bescheren starke ablandige Winde dieser Küste kaltes, trübes, kabbeliges Wasser, sodass man sie dann besser meidet.

Die politischen Unruhen beschränken sich überwiegend auf den Norden und Osten. In Colombo sind zwar einige Bomben hochgegangen, die Südwestküste mit ihren vielen Ferienstränden ist jedoch sicher. Da die Unruhen den Massentourismus gestoppt haben, kann man jetzt das eine oder andere Urlaubsschnäppchen machen.

Trotz all der guten Tauchmöglichkeiten, die das Land bietet, wäre es dennoch jammerschade, wenn man sich nicht auch die zahlreichen anderen Attraktionen ansähe. Die Insel ist voller interessanter Plätze und doch so klein, dass man viel sehen kann. Die einfachste Art herumzukommen sind preiswerte Privattaxis oder gute öffentliche Verkehrsmittel für die Wagemutigeren. Besonders sehenswert sind die alten Baudenkmäler. Die Felsenfestung in Sigiriya und die alte Stadt Polonnaruwa sind unbedingt einen Besuch wert. Für Naturfreunde gibt es eine Fülle an Vogel-, Schmetterlings- und Pflanzenarten, und dann noch das Hügelland mit seinen Teeplantagen, Hotels aus der Kolonialzeit und belebenden Spaziergängen.

*Links: Ein sri-lankisches Auslegerboot auf Negombo.*

*Rechts oben: Boote in Weligama, Sri Lanka.*

**Klima**

Tropisch heiß. Der Nordostmonsun weht von Oktober bis April, der Südwestmonsun von Mai/Juni bis September. Die ersten Monate der Monsunzeit bringen jeweils starken Wind und Regen.

**Beste Zeit**

**Negombo:** Februar/März. **Südwestküste:** Oktober–März. **Great Basses Reef:** März/April. **Ostküste:** April/Mai und August–Oktober.

**Anreise**

Flüge zum Katunayake International Airport bei Negombo, eine Autostunde von Colombo. Zahlreiche Linien- und Charterflüge von Europa, Asien und Australien. Taucher mit viel Gepäck können ein Privattaxi oder einen Minibus mit Fahrer mieten.

**Wassertemperatur**

Durchschnittlich 26–31 °C.

**Sicht**

In Küstennähe oft schlecht. Negombo Third Reef, 20 km vor der Küste: 30 m +.

**Meeresleben**

Tiefere und küstenfernere Riffe bieten ein gutes Meeresleben. Immer wieder werden unbekannte Arten entdeckt. Stellenweise ausgebleichte Korallen.

**Tauchtiefen**

Küstennahe Riffe: 2–15 m. Weiter draußen: 15–40 m und mehr.

**Schnorcheln**

Bei Unawatuna, Weligama und Dikwella.

## Negombo Third Reef

Negombo ist nicht gerade der Ort, wo man ein erstklassiges Tauchgebiet vermuten würde. Die auf den Strand brandenden Wellen sind schmutzig braun und wenig einladend. Aber lassen Sie sich überraschen! Die kleine Küstenstadt nördlich von Colombo ist ein quirliges altes Marktzentrum mit anmutiger, etwas heruntergekommener Atmosphäre.

Die alte Festung, der holländische Kanal und der lebhafte Fischerhafen ergänzen das Bild. Der Strand nördlich der Stadt mit den ihn säumenden Hotels ist der Ausgangspunkt für diese erstaunlich gute Tauchtour.

Parallel zur Küste verlaufen drei mächtige Sandsteinriffe. Das erste und zweite Riff bieten ganz gute Tauchmöglichkeiten, das dritte (Third Reef) ist jedoch etwas ganz Besonderes. Wenn man die 20 km zum dritten Riff hinausfährt, ist man außer Sichtweite des Festlands und mitten im klaren Meerwasser.

Das dritte Riff ist ein flacher Felsgrat, der mit gewaltigen Korallenstöcken sowie kleineren Korallenblöcken gekrönt ist. Es ist mehrere Kilometer lang, und jede Tauchschule hat ihre Lieblingsplätze. Das Riff reicht nur an einigen Stellen bis 18 m unter die Oberfläche, man muss also auf die Grundzeit achten, vor allem beim zweiten Tauchgang.

Die Landschaft unter Wasser bietet nichts Außergewöhnliches. Es ist eher die Verbindung von flachem Gelände und sensationeller Sicht, die ein so großartiges räumliches Gefühl vermittelt, als tauchte man auf einer weiten, offenen Steppe. Das Tolle an diesem Gebiet ist die Fischfauna. Im Schatten der Korallenstöcke schweben in Schwärmen Schnapper, Krötenfische und Süßlippen. Riesige Napoleon-Lippfische und Stechrochen gleiten vorüber, und aus den Felsspalten äugen Große Netzmuränen. Auch kleinere Fischarten sind im Übermaß vertreten. Negombo ist vielleicht keine erste Urlaubsadresse, sein Third Reef ist aber auf jeden Fall eine erste Tauchadresse.

Unbedingt denken sollte man beim Tauchen bei Negombo (und einigen anderen Regionen Sri Lankas) an die starken Landwinde. Wenn sich der Boden tagsüber erwärmt, steigt die Luft über der Insel auf und zieht Luft vom Meer an. Die Folge ist ein auflandiger Wind, der nachmittags manchmal sehr stark werden kann. Wenn der Boden nachts abkühlt, flaut der Wind wieder ab. Morgens ist das Meer oft glatt und ruhig. Es empfiehlt sich daher, früh zu tauchen, sodass man den Nachmittag frei hat, um die vielen anderen Sehenswürdigkeiten der Insel zu erkunden.

## Hikkadawu

Hikkadawu ist die Tauchkapitale von Sri Lanka. Der Ferienort an der Südwestküste hat weit mehr Tauchveranstalter als jeder andere auf der Insel. Der Wettbewerb führt zu Tiefstpreisen, manchmal aber auch zu Tiefstservice. Außerdem sind viele Tauchgebiete bei Hikkadawu, vorsichtig ausgedrückt, mittelmäßig und bieten die schlechte Sicht vieler küstennaher Bereiche. Die besseren Veranstalter fahren jedoch weiter hinaus, und dort kann man mit gutem Tauchen rechnen.

Das Wrack der *Conch*, eines alten Dampfers nördlich der Stadt, ist ein beliebtes Gebiet. Aufgrund der Küstennähe ist die Sicht oft mäßig; vergewissern Sie sich deshalb vorher, ob das Wasser klar ist und ein Tauchgang lohnt. Das Wrack ist auseinander gebrochen, aber die großen Kessel und die Schraube sind noch intakt. Die Fische sind die Taucher gewöhnt und geben bei klarem Wasser dankbare Fotomotive ab.

Das vielleicht beste Gebiet, das regelmäßig von Hikkaduwa angelaufen wird, ist Malu Gala. Es ist ein Tieftauchgang weiter draußen auf dem Meer, folglich nicht überlaufen und oft mit über-

*Links: Ein Schwarm noch nicht bestimmter grauer Süßlippen* (Plectorhinchus sp.).
*Oben: Gardiners Falterfische* (Chaetodon gardineri) *ziehen Tiefen ab 20 m vor.*

ragender Sicht. Malu Gala ist ein Felspfeiler, der von 40 bis 20 m unter die Oberfläche aufragt. Die Wände beherbergen zahlreiche Tiefseekorallen und andere niedere Tiere (auch die hier typischen kleinen Blauen Gorgonien) sowie eine Menge Rifffische.

Von Hikkaduwa aus kann man auch bequem die anderen Tauchgebiete an der Südwestküste erreichen. An der Küste sitzen mehrere Tauchveranstalter, die zum Teil gute Gebiete im Repertoire haben. Versuchen Sie es mit dem Wrack in Dikwella, mit Monolith Rock bei Weligama und mit Mada Gala bei Beruwela.

**Great Basses Reef**

Ausgesetzt vor der Südostküste Sri Lankas liegt das Felsenriff Great Basses Reef. Basses kommt von *baixos*, bedeutet Riff und geht auf frühe portugiesische Seefahrer zurück. Es ist ein unwirtlicher Ort, der fast das ganze Jahr von Stürmen und Riesenwellen berannt wird, und seit ewigen Zeiten eine Gefahr für Schiffe, wie mehrere Wracks bezeugen. Deshalb errichteten die Briten auch in den 1860er Jahren einen Leuchtturm, der noch immer in Betrieb ist.

Das Tauchen an der Innenseite des Riffs reißt, ehrlich gesagt, niemanden vom Hocker. Der Sandsteingrund fällt sanft zum Sand in 12 m Tiefe ab. Die Anker und umherliegenden Reste des 150 Jahre alten »Sodawracks« – so genannt nach der aus Sodaflaschen bestehenden Ladung – versprechen einen kurzweiligen Tauchgang (denken Sie daran: Es ist hier wie überall verboten, Gegenstände von den Wracks zu entfernen).

Das klare Wasser und die unzähligen Fische verweisen jedoch auf die eigentliche Attraktion von Great Basses, nämlich die Außenseite des Riffs, wo der Sandstein zu grotesken Gebilden und Durchlässen geformt worden ist. Hier, in kristallklarem Wasser, in der Gesellschaft von unermesslichen Fischschwärmen und ins

*Rechts: Ein Taucher begleitet einen Schwarm Meerbarben* (Mullidae) *und Schnapper* (Lutjanidae) *am Negombo Third Reef 20 km vor der Küste, ein hervorragender Platz zum Beobachten von Fischen.*

Wasser fallenden Sonnenstrahlen, sind bei nur 12 bis 14 m Tiefe ausgedehnte Grundzeiten ganz normal.

Der erste, der die grandiosen Tauchmöglichkeiten von Great Basses erkannte, war der Schriftsteller Arthur C. Clarke, selbst langjähriger Bewohner von Sri Lanka. Sein Team entdeckte 1961 das Wrack eines Schatzschiffes auf dem Riff.

Aufgrund seiner exponierten Lage ist Great Basses für Taucher nur zwischen den Monsunperioden im März und April zugänglich. Wegen der Abgelegenheit vor dem Yala Nationalpark ist allein die Anfahrt ein größeres Unterfangen, das eher einer Expedition als einem Tauchausflug gleichkommt. Das Tauchen in diesem außergewöhnlichen Gebiet entschädigt jedoch für alle Mühen.

*Oben: Die relativ häufige Große Netzmuräne* (Gymnothorax favagineus) *frisst kleine Rifffische. Unten (v.l.n.r.): Eine Putzergarnele; ein Haarstern; prächtige Weichkorallen in Hikkaduwa.*

*Gegenüber (links, v.o.n.u.): Nacktschnecken* (Glossodoris sp.), *Westaustralien; Augenfleck-Walzenschnecke, Indopazifik; Flabellina rubrolineata, Südaustralien; (rechts) Risbecia pulchells, Rotes Meer.*

Nacktschnecken

*Meeresnacktschnecken gehören zu den am lebhaftesten gefärbten und schönsten Riffbewohnern.*

*Wie die entfernt verwandten Landnacktschnecken sind auch die Meeresnacktschnecken Schnecken, die ihre Schale verloren haben. Das kann daran liegen, dass ihre entfernten Vorfahren Grabtiere waren und ein Gehäuse beim Graben gestört hätte. Bei den Meeresschnecken liegen die Kiemen normalerweise versteckt unter der Schale. Bei den Meeresnacktschnecken liegen die Kiemen aufgrund des Verlusts der Schale frei – daher auch die wissenschaftliche Bezeichnung Nacktschnecken (oder Nacktkiemer). Bei vielen Nacktschnecken, wie den* Chromodoris, *befinden sich die Kiemen als gefiederte Rosette frei auf dem Rücken. Bei den* Phyllidia-*Nacktschnecken sind die Kiemen unter einer Falte auf einer Körperseite versteckt, es sind also paradoxerweise Bedeckt- und Nacktkiemer in einem. Eine andere Form, z. B.* Flabellina, *hat überhaupt keine Kiemen, sondern mehrere Rückenanhänge oder Cerata. Diese Anhänge vergrößern die Oberfläche der Schnecke derart, dass auch ohne Kiemen ein ausreichender Sauerstoffaustausch stattfindet.*

*Mit dem Verlust der schützenden Schale haben die Nacktschnecken einige geschickte Strategien entwickelt, um sich gegen Fressfeinde zu wappnen. Die einfachste ist die Tarnung, und viele Meeresnacktschnecken sind folglich kaum zu erkennen, wenn sie auf ihrer Nahrung sitzen. Andere Nacktschnecken ernähren sich von Seeanemonen und ähnlichen Nesseltieren. Sie nehmen die Nesselzellen auf, ohne dass diese explodieren, befördern sie in die Rückenanhänge und nutzen sie zur Verteidigung gegen Fressfeinde. Noch andere Nacktschnecken sind giftig oder ungenießbar und signalisieren das durch grelle Farben.*

*Ein größeres Problem besteht für die langsamen Nacktschnecken darin, in den riesigen Riffen einen Partner zu finden. Deshalb sind alle Nacktschnecken Zwitter (jedes Exemplar hat beide Geschlechtsorgane). Wenn sich also zwei Nacktschnecken begegnen, können sie sich paaren. Die Eier werden in einem gallertartigen Gelege abgelegt.*

# DER ÖSTLICHE INDISCHE OZEAN

# MYANMAR

Paul Lees

DER MERGUI-ARCHIPEL

Der Mergui-Archipel ist eine der schönsten Inselgruppen in ganz Südostasien. Die 804 Inseln, Inselchen und Felskuppen bedecken eine Fläche von insgesamt 16.363 km² und erstrecken sich von der Insel Dawei im Norden bis zur Südgrenze Myanmars zu Thailand.

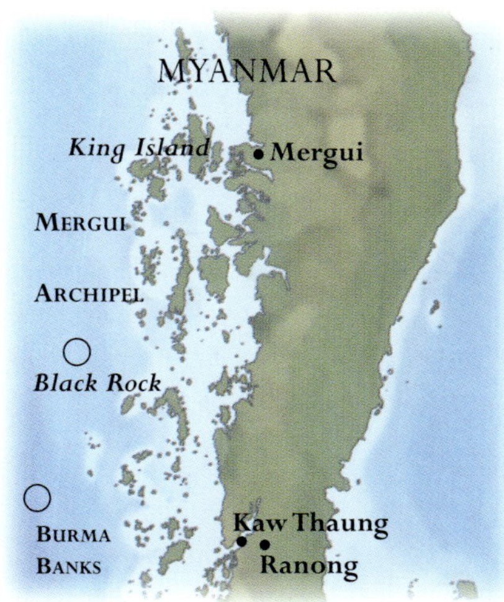


Die größte Insel der Kette, King Island, wird von Bamas und Karen kultiviert. Von den anderen größeren Inseln sind noch Kisseraing und Sellore bewohnt, aber nur in den unfreundlicheren Monsunmonaten, wenn die Seenomaden oder Moken dort Schutz suchen. Topografisch sind die Inseln sehr unterschiedlich: Stark korrodiertem Kalksteinkarst stehen weiße Sandstrände wie die auf Great Western Torres und der Insel Lampi gegenüber. Die Landmassen reichen von winzigen, aus dem Wasser ragenden Felsen bis zu stark bewaldeten Erhebungen.

Der kleine Hafen von Mergui im Norden ist belebt wie seit 300 Jahren. Dort laden Boote ab oder frischen ihre Vorräte auf. Besucher reisen heute allerdings sicherer als früher, als Schiffe immer wieder von Piraten gekapert wurden.

Die Gewässer des Archipels waren für Fremde nach 50 Jahren erstmals wieder 1997 zugänglich, und wenn das Gebiet heute auch sicher besucht werden kann, ist vieles von dem, was unter Wasser liegt, noch unbekannt. Myanmar hat noch keine eigenen Tauchveranstalter. Die regelmäßigen Tauchkreuzfahrten in das Gebiet werden vom benachbarten Thailand aus unternommen. Die bisherigen Taucherfahrungen waren sehr positiv.

Das Gelände unter Wasser ist hier oft zerklüfteter als in den südlicheren Regionen der Andamanen-See. Die Weichkorallen kommen z. B. in geschützteren Gebieten vor und sind nicht so weit verbreitet wie weiter südlich.

Eine große Attraktion ist das Tauchen mit Haien, die arten- und zahlreich vertreten sind – Graue, Schwarze und Weißspitzen-Riffhaie, Ammenhaie und sogar Silberspitzen-Haie. An großen Fischen sieht man Rochen und eine Menge pelagischer Arten wie Regenbogen- und andere Stachelmakrelen, Tunfische, Makrelen und Barrakudas.

Der Reiz so vieler verschiedener Hochseefische an Orten wie Black Rock und Burma Banks ist gewaltig und wird gelegentlich durch das Auftauchen von Walhaien und verschiedenen Hochseehaien noch erhöht.

In einem kleineren, nicht ganz so lebhaften Rahmen bietet ein Fülle kleinerer Riffbewohner ideale Fotomotive, vor allem in den tieferen Riffzonen, wo riesige Hornkorallen sowohl Zuflucht als auch Jagdgründe für die kleineren Mitglieder der Riffgemeinschaft bieten.

**Klima**
In der Trockenzeit (Oktober–Mai) ist es heiß und sonnig und das Meer ruhig.

**Beste Zeit**
In der Trockenzeit. Tauchexpeditionen zu den südlichen Inseln des Mergui-Archipels sind jedoch ganzjährig möglich.

**Anreise**
Die Fahrten beginnen im Hafen von Kaw Thaung auf Victoria Point, das von Ranong an der thailändischen Westküste aus erreichbar ist. Es gibt Direktflüge von Bangkok nach Ranong. Der Flug dauert 80 Minuten. Man kann auch von der Insel Phuket nach Ranong fahren, Fahrtdauer etwa vier Stunden.

**Wassertemperatur**
Im Durchschnitt über 28 °C.

**Sicht**
In der Trockenzeit gut, Bandbreite von 5–40 m.

**Meeresleben**
Korallen und Rifffische in großer Zahl, das Schwergewicht hier liegt jedoch zum einen auf den größeren Besuchern im tieferen Wasser, zum anderen auf einer Fülle von Kleinlebewesen in allen Tiefen.

**Tauchtiefen**
Am besten unterhalb von 15 m.

**Praktische Tipps**
Vor Ort gibt es keine Veranstalter. Auf Koh Phuket ist Ausrüstung erhältlich und auch die nächste Druckkammer. Eine Genehmigung ist erforderlich, die beim Veranstalter vor der Abfahrt in US-$ zu bezahlen ist.

*Vorige Doppelseite: Rottnest Island in Westaustralien.*

*Links: In größeren Tiefen gibt es erstaunlich viele Korallen und kleine Riffgeschöpfe.*

*Rechts oben: Myanmar ist ein überwiegend buddhistisches Land, an dessen Küste zahllose Schreine und Tempel stehen.*

## Black Rock

Etwa auf halbem Weg in der Nordhälfte des Mergui-Archipels ragt ein einzelner schroffer Fels ca. 20 m aus dem Meer. An der Südseite fällt er unterschiedlich tief und unterschiedlich steil ab, zum Teil senkrecht, dann über Grate und gewaltige Felsblöcke.

Die Südwestspitze weist mehrere leicht abfallende Granitplateaus etwas abseits vom Hauptfelsen auf. Sie verschwinden häufig völlig unter rosa und weißen Weichkorallenbüschen, zwischen denen versteckt so viele Bärtige Drachenköpfe und Gemeine Kraken liegen, wie ich noch nie an einem Ort gesehen habe. In kleinerem Rahmen, aber dafür umso sichtbarer, flitzen aufgeregt unzählige kleine Büschelbarsche und Schleimfische umher, die offensichtlich durch die Taucher aufgeschreckt worden sind.

Die andere Seite dieser Plateaus fällt auf über 40 m ab, wo man vor allem Graue Riffhaie beobachten kann und allmählich zu einer flachen Rinne kommt, die diesen farbenfrohen Bereich vom eigentlichen Felsen trennt. Dann und wann zeigen sich auch andere Haie, etwa die riesigen Walhaie.

Reges Meeresleben bevölkert nicht nur die Wände des Felsens, sondern auch die unmittelbare Umgebung. Bei genauem Hinsehen entdeckt man die fast durchsichtigen Putzergarnelen, winzige Korallenschnecken und Haarstern-Krabben, unwirkliche Nacktschnecken sowie eine Ansammlung gut getarnter Kopffüßer, die sich ihrer Umgebung farblich angepasst haben.

Am Nordriff geht es dagegen etwas sanfter über einen wilden Haufen unterschiedlich großer Felsblöcke auf etwa 30 m hinab. Dort enden die Blöcke am sandigen Grund, der weiter leicht abfällt. Auf diesem Hang liegen verstreut ein paar kleine Blöcke, von denen die größeren ihr eigenes Biotop haben.

Die Riffbewohner auf diesen Hängen sind überwiegend die für eine solche Umgebung typischen; Schwarzgebänderte Seeschlangen und verschiedene Muränen schlängeln sich auf der Nahrungssuche durch die engen Spalten und nutzen die vielen dunklen Zufluchtsorte, um sich putzen zu lassen.

Bodenbewohner und pelagische Fische gibt es hier zuhauf, wobei Ring- und Imperator-

Kaiserfische den Felsen Farbtupfer aufsetzen. Eine Wand aus Fledermausfischen bildet einen lebenden Vorhang gegen Raubfische wie Barrakudas und Kobias.

Nachts und bei den richtigen Bedingungen kann Tauchen hier ungemein spannend sein, wenngleich man sich dann näher beim Felsen halten muss als tagsüber, weil es immer einige neugierige Haie gibt!

### Western Rocky

Das ist das südlichste der aktuellen Tauchziele, das normalerweise auf dem Weg zu oder von den Burma Banks mitgenommen wird. Es liegt 82 km südwestlich vom Ausgangspunkt Kaw Thaung auf Victoria Point. Topografisch lässt es sich am besten als eine Ansammlung unterschiedlich großer Felspfeiler beschreiben, über denen eine Familie Weißbauch-Seeadler nistet. Dieses Gebiet ist nicht typisch für die Gegend, da die Riffe vereinzelt sind; entweder säumen sie die größeren Felsen oder verbinden die benachbarten kleineren. Deshalb kann man es selbst in mehreren Tauchgängen nicht restlos erkunden.

Der größte Felsenbau weist einige Grotten auf, deren größte einen Eingang in der Südwand direkt neben einem mit Weichkorallen bewach-

senen, schönen Felsbogen hat. Der Eingang liegt in etwa 20 m Tiefe und setzt sich als Tunnel fort, dessen stark verwitterte Wände und Decken voller Felsenlangusten sitzen, die in den dunklen Spalten Zuflucht suchen. Das Licht der notwendigen Lampen spiegelt sich in den Augen dieser gepanzerten Wirbellosen.

Der Tunnel biegt bald rechts ab in eine kleine Senke, in der sich gelegentlich ein reizbarer 2 m großer Ammenhai aufhält. Schwimmt man weiter, kann man zwischen zwei Ausgängen wählen, wobei der größere und beliebtere der rechte ist. Oft bleibt jedoch gar keine andere Wahl, denn der andere Ausgang ist nicht nur kleiner, sondern häufig auch von mehreren Ammenhaien blockiert.

Die andere Höhle in der Westwand ist etwas kleiner und nicht so aufregend. Im Bereich des Eingangs hausen jedoch drei Krötenfische, außerdem Feuer-, Skorpions- und Steinfische, die einen Blick wert sind.

Das Gebiet und auch die weitere Umgebung bieten ein sehr vielfältiges Meeresleben. Auf den Felsen schlängeln sich Schwarzgebänderte Seeschlangen zwischen Seeanemonen, bei denen sich Porzellankrabben, Garnelen und verschiedene Anemonenfische aufhalten. Weiter unten erkunden Tigerkauris Hornkorallen. In den weiten Schluchten, zwischen dem Korallenschutt auf dem Grund, tummeln sich Geister-Muränen zwischen eingegrabenen Grundeln und Pistolenkrebsen, während darüber verliebte Sepien nach Partnern suchen. Abseits vom Riff im Westen patrouillieren Graue, Schwarzspitzen- und Weißspitzen-Riffhaie an einer Steilstufe im sandigen Grund in 36 bis 34 m Tiefe.

*Links oben: Black Rock ragt 20 m aus dem Meer. Links unten: Ein Gewöhnlicher Riffkrake* (Octopus cyanea) *lauert auf einem Korallenhügel auf Beute. Rechts: Das Gebiet weist schöne Weichkorallen auf, auch wenn es nicht so viele sind wie weiter südlich in der Andamanen-See.*

## Burma Banks

Diese submarinen Tafelberge, die insgesamt Burma Banks genannt werden, liegen 60 km westlich von Western Rocky. Aus 300 m Tiefe ragen sie unterschiedlich weit bis maximal 15 m unter die Wasseroberfläche auf; es gibt keine geografischen Orientierungspunkte, sodass man Navigationshilfen braucht, um sie zu finden.

Das Gebiet wurde erstmals 1990 angelaufen und kurz darauf von den Behörden gesperrt. Heute ist es im Rahmen von Fahrten durch den Mergui-Archipel wieder zugänglich. Vier Bänke sind bekannt – Rainbow, Roe, Big und Silvertip; die ersten drei werden nur gelegentlich betaucht, Silvertip, die östlichste, wird am häufigsten aufgesucht.

### *Silvertip Bank*

Felsige Passagen, Grotten und kleine Tunnel beleben ein zerklüftetes, von Strömungen beherrschtes Gelände aus Korallenschutt und ergänzen die Hauptattraktion dieses Gebiets – Haie in großer Zahl. Einige Veranstalter geben Tauchern die Gelegenheit, Haifütterungen zu erleben. Das erhöht offenbar die Präsenz der Haie und schafft einen gewissen Kitzel. Ob diese Praxis sich langfristig auf das Verhalten der Tiere auswirkt, muss abgewartet werden.

Am häufigsten sind Silberspitzen-Haie, gelegentlich sieht man Hochsee-Weißspitzen-Haie, Hammerhaie oder gar einen Tigerhai. Weniger häufig sind kleine Ansammlungen Gewöhnlicher Ammenhaie, die Nase an Schwanz in Formation schwimmen. Am seltensten tauchen Walhaie, Mantas oder Adlerrochen auf.

*Links: Durch eine Wolke irisierender Fische hindurch bewundern Taucher eine Gorgonie, auf der sich Haarsterne niedergelassen haben und ihre Arme in die Strömung halten.*

*Oben: Der außergewöhnlich schöne Rotgürtel-Fahnenbarsch* (Pseudanthias rubrizonatus).

Das Gelände ist mit robusteren Korallen durchsetzt, wie mit kompakten Stöcken Gewöhnlicher Sternkorallen und Hirnkorallen sowie den kräftigeren Mitgliedern der Geweihkorallen, zwischen deren Ästen sich Riffbarsche und Mönchsfische aufhalten.

In größerem Umfang gibt es eng zusammenliegende Felsgruppen mit schmalen Verbindungsrinnen und Schluchten, die durch Hornkorallen und Hydrozoen verschattet werden. Normalerweise kann ein Taucher hindurchschwimmen, aber der eigenartige Abschnitt eignet sich auch gut zum Beobachten von Haien. Weichkorallen klammern sich hier an die geschützten Felspartien, denn die starke Strömung reißt die exponierteren Exemplare fort.

Die Fauna ist hier ebenfalls recht gut, und wer nicht nur Augen für die Haie hat, wird auch eine Menge anderer Fische entdecken, etwa Vogel- und Mondsichel-Lippfische, Fledermausfische einschließlich Langflossen-Fledermausfische; es gibt Rote Schnapper, Indische und Riesen-Drückerfische, Büffelkopf-Papageifische, Imperator- und Ring-Kaiserfische sowie Harlekin-Lippfische und Orientalische Süßlippen.

Leider sind die Korallen stellenweise durch den El Niño von 1997–98 ausgebleicht, doch die Schäden sind gering, und nicht alle Arten haben gelitten. Dieses weltweit auftretende Korallenbleichen scheint jedoch viele Ursachen zu haben und könnte die Struktur der Riffe langfristig verändern. Am besten, man achtet auf die vielen Haarsterne auf den gesunden Exemplaren.

*Links oben: Ein Orangeringel-Clownfisch* (Amphiprion ocellaris) *mit seinem Wirt, einer Prachtanemone.*
*Oben: Spiralröhrenwürmer* (Spirobranchus giganteus).
*Unten: Der nachtaktive Gewöhnliche Ammenhai* (Nebrius ferrugineus) *hält sich tagsüber in Höhlen auf.*

# THAILAND

Paul Lees

KOH PHUKET • MU KOH SURIN • MU KOH SIMILAN • KOH PHI PHI • KOH LANTA

Das Königreich Thailand liegt im Herzen Südostasiens, ideal sowohl für den internationalen Handel wie auch als Zentrum für erholsames Reisen durch das Land. Das Land hat eine Fläche von etwa 513.000 $km^2$ und gut 58 Millionen Einwohner, von denen 10 Prozent in der Hauptstadt Bangkok leben.

An der Südgrenze Thailands liegt Malaysia, im Westen grenzt es an Myanmar, im Norden und Nordosten befindet sich Laos und im Osten Kambodscha.

Während der nördliche Bereich des Landes wellige Hügel und ausgedehnte Gebirge aufweist, schmückt sich der Süden mit herrlichen, palmengesäumten Inseln und paradiesischen Stränden. Die größte und bekannteste Insel, Koh Phuket (*koh* heißt auf Thai »Insel«), ist ein internationales Touristenziel, und die Infrastruktur weitet sich dank der wachsenden Besucherzahlen auch auf die umliegenden Inseln aus. Koh Phuket ist Hauptausgangspunkt für Fahrten zu den vielen thailändischen Tauchzielen.

Von den Gebieten, die mit Kreuzfahrtschiffen angefahren werden, bergen die Gewässer bei Mu Koh Surin die ältesten und bestentwickelten Korallen des Landes und bieten darüber hinaus ein arten- und zahlreiches Meeresleben. Weiter südlich sind die Similan-Inseln eines der schönsten Tauchgebiete der Welt.

Mehrere Inseln bei Phuket erleben eine rasante touristische Entwicklung. Die Koh Phi Phi-Gruppe im Osten bietet neben einfachen strohgedeckten Hütten jetzt auch klimatisierte Unterkünfte, Restaurants und touristische Dienstleistungen. Weiter südlich werden die einmaligen Strände der Provinz Krabi ähnlich erschlossen.

Noch weiter südlich lockt die ungezwungenere Insel Koh Lanta Yai mit noch unberührten Stränden und einfacheren Unterkünften.

Von Koh Lanta Richtung Malaysia, und ebenfalls zum Nationalpark Koh Lanta gehörend, liegen Hin Daeng und Hin Mouang, großartige Tauchgebiete mit gewaltigen Steilwänden, Weichkorallen und einem vielfältigen Meeresleben im flachen und tiefen Wasser.

Dank der vielen Tauchveranstalter bietet das Land eine reiche Auswahl an fantastischen Gebieten, die mit ein- oder mehrtägigen Fahrten zu erleben sind. Den Taucher erwarten atemberaubende Riffe, Steilwände und das eine oder andere Wrack.

Ebenfalls angezogen fühlen sich Schwärme von Hochseefischen und Meeressäugern, die hier Nahrung und Schutz suchen. Jahreszeitlich feste Besucher sind die Plankton fressenden Walhaie und Mantas, die den nahrungsreichen Strömungen folgen.

*Links: An der schmalen Landenge von Koh Phi Phi Don befinden sich die meisten Ansiedlungen.*
*Rechts oben: Die Fischerboote in Kor Lae werden seit jeher bemalt, jedes im eigenen Familienstil.*

**Klima**
In der Trockenzeit (Oktober–Mai) ist es in der Gegend heiß und sonnig; das Meer ist im Allgemeinen ruhig.

**Beste Zeit**
In der Trockenzeit, wenn die Wassertemperatur zwischen 27 und 31 °C liegt.

**Anreise**
Der internationale Flughafen Phuket ist von einer Reihe regionaler Orte zu erreichen. Allein von Bangkok gibt es täglich 14 Inlandsflüge. Flugdauer 75 Minuten. In Phuket muss man per Taxi oder klimatisiertem Minibus zu seinem Kreuzfahrtveranstalter fahren.

**Wassertemperatur**
Durchschnittlich über 28 °C.

**Sicht**
In der Trockenzeit gut, bei Weiten zwischen 5 und 40 m.

**Tauchtiefen** Von 3 bis 40 m und mehr.

**Schnorcheln**
In vielen Gegenden Schnorchelgebiete, die überwiegend per Boot zu erreichen sind.

**Praktische Tipps**
Die Tauchveranstalter befinden sich größtenteils in der Nähe der PADI-Agentur, vom kleinen Einmannbetrieb bis zur Fünfsterne-Einrichtung. Tauchfahrten und -unterricht können nach der Ankunft vereinbart werden, es ist jedoch besser, im Voraus zu buchen. Die nächste Druckkammer befindet sich auf Koh Phuket.

## KOH PHUKET

Die Westküste von Koh Phuket wird von zahlreichen Stränden unterbrochen, die auch die Touristikzentren bilden. Den Tauchern wird alles geboten: Unterricht in allen Klassen, Tagestouren zu den Topgebieten und regelmäßige mehrtägige Fahrten zu den weiter entfernten Traumzielen. Phuket ist Hauptausgangspunkt für Ziele in der Andamanen-See. Gebiete wie Burma Banks, Koh Phi Phi, Mu Koh Surin, Mu Koh Similan und selbst Ziele südlich von Koh Lanta werden von den Tauchveranstaltern der Insel angefahren.

Für lokale Tauchgebiete haben die Tauchzentren wöchentlich unterschiedliche Zeitpläne, und einige Gebiete werden an bestimmten Tagen angefahren, sodass kein Ziel überlaufen wird. Start ist normalerweise bei den Tauchzentren, oder die Taucher werden gegen 8 Uhr bei ihrer Ferienanlage abgeholt. Die Tauchboote fahren in der Chalong Bay am Südende der Insel los und kehren zwischen 16 und 18 Uhr dorthin zurück. Die größeren Veranstalter laufen alle Gebiete südöstlich von Phuket mit komplett ausgestatteten Tauchbooten an.

Das Tauchen vor der Südwestküste der Insel ist keineswegs berauschend. Die Sicht kann unter starker Sedimentation leiden. Bessere Bedingungen herrschen an den Riffen und Inseln südlich von Koh Phuket. Dort trägt die Strömung sämtliche Schwebstoffe fort, sodass die Sicht oft mehr als 30 m beträgt.

Die Korallen sind generell gesund, der Bewuchs ist üppig und artenreich, und Weichkorallen beleben mit ihren Farben viele Gebiete, die zum Teil tiefer reichen und wegen starker Strömungen erfahrenen Tauchern vorbehalten sind. Große pelagische Arten sind oft zu sehen, und auch die Auswahl an Krebsen, anderen Niederen Tieren und Rifffischen ist gut.

Es gibt einige lohnende Ziele südöstlich von Koh Phuket, von denen das Meeresschutzgebiet Shark Point und die Gewässer um Koh Phi Phi wohl die besten sind.

### Meeresschutzgebiet

**Shark Point**
1992 wurden die beliebten Tauchgebiete Shark Point und Anemone Reef zum Schutzgebiet erklärt. 1997 kam das Wrack der Fähre *King Cruiser* hinzu.

***Shark Point***
Hin Musang, vor Ort auch Shark Point genannt, besteht aus drei submarinen Pfeilern, die alle einen prächtigen Bewuchs mit Stein- und Weichkorallen aufweisen.

Die verschiedensten Riffbewohner beleben das eigentlich vorherrschende Farbmuster. Leopardenhaie sind hier die Hauptattraktion, und so mancher Taucher hat diese ungefährlichen Bodenbewohner schon aus nächster Nähe erlebt.

Im kleineren Rahmen bietet Hin Musang viele Putzstationen, die von unzähligen Putzerfischen und Wirbellosen bevölkert sind. Zu den regelmäßigen Kunden dieser Stationen gehören Schnapper, Stachel- und andere Makrelen und gelegentlich auch ein Barrakuda.

Am geballtesten ist das Meeresleben am süd-

lichsten Pfeiler. Hier lebt eine ganz eigene Gemeinschaft aus Seenadeln, Lippfischen, Riffbarschen, Papageifischen und zahlreichen Kopffüßern.

### *Anemone Reef*

Das zweite geschützte Gebiet ist Anemone Reef, ein submariner Pfeiler, der bis 7 m unter die Wasseroberfläche reicht und buchstäblich unter Seeanemonen und den sie bewohnenden Anemonenfischen verschwindet. Bei näherem Hinsehen entdeckt man noch weitere symbiotische Bewohner: winzige Anemonenkrabben und durchsichtige Putzergarnelen, die man nur an ihren durchscheinenden inneren Organen erkennt. Weiter unten bilden prächtige Hornkorallen den dramatischen Hintergrund für Indische Rotfeuerfische und leuchtende Weichkorallenbüsche.

Der Pfeiler hat im Gegensatz zu anderen Hindernissen in diesen Gewässern Grate und Spalten, in denen viele Muränen hausen.

Der Pfeiler ist heute nur noch halb so groß (siehe unten), das Meeresleben ist jedoch geblieben und hat sich verlagert. Seit dem Fährunglück 1997 hat es sich scheinbar verdoppelt.

### *Fähre* King Cruiser

Am 4. Mai 1997 lief die zwischen Koh Phuket und den Phi Phi-Inseln verkehrende Fähre *King Cruiser* auf das Anemone Reef und spaltete den Pfeiler dabei in zwei Teile.

Die *King Cruiser* liegt jetzt in 32 m Tiefe. Das Wrack hat ein buntes Meeresleben angelockt, und ein künstliches Riff ist im Entstehen. Unter der abblätternden Farbe haben zahllose niedere Tiere Zuflucht gesucht, und unter den Sitzreihen lauern Muränen. Um das rankenfüßerverkrustete Gerippe scharen sich junge Rifffische, deren Zahl und Größe bei jedem Besuch scheinbar zunehmen.

Das Tageslicht dringt fast überall ins Wrack, an einigen Stellen empfiehlt sich jedoch eine Lampe. Außerdem sind die Decken in einigen Bereichen eingefallen und könnten weiter einstürzen. Wie bei den meisten Wracks taucht man auch bei der *King Cruiser* am besten bei Stillwasser.

---

*Gegenüber oben: Nai Harn Beach auf Koh Phuket. Die Insel ist bekannt für gutes Tauchen und Wassersport sowie die schönen Strände an ihrer Westküste.*
*Gegenüber unten: Trotz seines gefährlichen Aussehens ist der Leopardenhai* (Stegastoma fasciatum) *ein friedlicher, harmloser Grundfisch.*
*Oben: Seeanemonen zieren ein Riff beim Anemone Reef, eines der drei Schutzgebiete des Shark Point Marine Sanctuary südöstlich der Insel Phuket.*

## MU KOH SURIN

Die Inselgruppe liegt in der Andamanen-See 60 km westlich der Stadt Koraburi in der Provinz Phang Na und ebenso weit nordöstlich von Mu Koh Similan. Das Gebiet wurde 1981 zum 29. Nationalpark des Landes erklärt und besteht aus fünf Granitinseln sowie zwei Felseilanden und hat eine Fläche von insgesamt 135 $km^2$, von der 76 Prozent Wasser sind.

Die größte Insel, Koh Surin Nua, ist 18 $km^2$ groß und ragt am höchsten Punkt 240 m aus dem Meer. Direkt südwestlich liegt Koh Surin Tai, 12 $km^2$ groß und am höchsten Punkt 350 m über dem Meeresspiegel.

Diese beiden größten Inseln sind mit immergrünem Urwald bedeckt, der im Schnitt 32 m hoch ist. An der Südost- und Ostküste wächst auch etwas Mangrovenwald. Diese pflanzliche Vielfalt hat die verschiedensten Tiere angelockt, deren Auswahl sich allerdings aufgrund der Entfernung vom Festland auf kleinere Exemplare beschränkt. Kleine Kantchils, endemische Grauhörnchen und Flughunde bevorzugen den undurchdringlichen Wald, während Krabben fressende Makaken und Malaiische Flattermakis häufig auf Nahrungssuche in den Küstenbereichen zu sehen sind, vor allem bei den Wohnquartieren der Parkverwaltung. Auf den Inseln gibt es über 80 Vogelarten, darunter Halsbandlieste, Kragentauben, Nashornvögel, Flaggendrongos, Abbott-Schwätzer, Weißbauch-Seeadler und Brahminenweihen.

Die Insel ist nur an drei Stellen von Menschen bewohnt: die Parkverwaltung an der Westküste, eine kleine Fischergemeinde und das Dorf Chao Ley an der Südküste. Auf der anderen Seite des Sunds am benachbarten Strand auf Koh Surin Tai gibt es ebenfalls ein Dorf namens Chao Ley. Diese umherziehenden Fischer stammen aus Indonesien, suchen aber vorübergehend auf einigen der Inseln in der Andamanen-See Zuflucht.

Die Korallenriffe bei diesen beiden Surin-Inseln gelten als die ältesten in thailändischen Gewässern. Sie sind außerdem für ihre große Artenvielfalt bekannt und weisen die größten Riffdächer der Region auf. Diese Riffe stammen aus der letzten Eiszeit, was an den *blue holes* zu erkennen ist, die entstehen, wenn Eis zusammenbricht. Das gibt es in Thailand nur an diesem Ort. 1998 wurde angeregt, das Gebiet in die Liste des Weltkulturerbes aufzunehmen.

Für das Sporttauchen eignet sich eine ganze Reihe von Gebieten. Bevorzugte Ziele liegen an Saumriffen oder kleinen Inseln, Felseilanden und submarinen Pfeilern. Die meisten Unterwasserziele im Umkreis der größeren Inseln eignen sich gut zum Schnorcheln und sind damit auch allen Tauchern zugänglich. Parkoffizielle haben schon 1994 53.000 Schnorchler an den Riffen gezählt, und die Zahlen sind seitdem gestiegen.

### Koh Surin Nua

Koh Surin Nua bietet einige interessante Orte. Bei Mai Ngam an der Westküste kann man besonders gut Suppen- und Echte Karettschildkröten bei ihrer beschwerlichen Arbeit des Eierlegens beobachten. An der Ostküste weisen Mae Yai und Chon Kar die größten Riffe im Park auf. Das Riffdach erstreckt sich stellenweise auf über einen Kilometer. Zwischen diesen beiden Gebieten schmücken riesige Hornkorallen und Korallenstöcke das tiefere Wasser.

Im Nordosten gehört Koh Chi zu den klassischen Orten, wo man große pelagische Arten wie Barrakudas, Hundezahn-Tunfische, Faden- und Großaugen-Stachelmakrelen beobachten kann. Dort sieht man auch Meeresschildkröten auf ihrem Weg von und nach Koh Surin Nua, einschließlich der seltenen Lederschildkröten.

Die flacheren Riffbereiche, zu deren Meeresleben auch Weißspitzen-Riffhaie gehören, werden von Tischen aus Geweihkorallen beherrscht.

*Links oben: Ein Wimpelfisch* (Heniochus acuminatus) *vor einigen Korallen und Rifffischen im Nationalpark Mu Koh Surin.*
*Oben: Ein Weißpunkt-Kofferfisch* (Ostracion meleagris).

Unter den kleineren, bunteren Riffbewohnern sind Blaupunkt-Stechrochen, Weißkehldoktoren, Braune Doktorfische, Büffelkopf-Papageifische und verschiedene Lippfische. Schnorchler können sich am Rand der Felsen vergnügen, wo Tischkorallen und Felsen mit Spiralröhrenwürmern, Haarsternen und einer Auswahl an Muscheln zu sehen sind. Auch Flecken mit riesigen Prachtanemonen samt Anemonenfischen und einer ganzen Reihe symbiotischer Wirbelloser sind vertreten. Im Westen bietet Hin Rap darüber hinaus noch Walhaie.

**Koh Surin Tai**

Von den Gebieten bei Koh Surin Tai ist Turtle Ledge sicher das beste. Auf den meisten Riffabhängen gibt es ganze Seeanemonengärten, in denen sich zahllose Falsche Anemonen-Clownfische aufhalten. In Massen klettern Geweihkorallen über Riesenmuscheln, die weit über einen Meter groß werden. Benannt ist das Gebiet nach den häufig gesichteten Meeresschildkröten, vor allem Echte Karettschildkröten, aber es kommen auch viele andere Besucher wie Riesen-Drückerfische, Schnapper und Süßlippen.

Hin Tacksin vor der Südspitze der Insel ist eine Ansammlung submariner Felsen, die reich mit roten und purpurnen Weichkorallen geschmückt sind. Beim Riff von Koh Torinla sind bisher 248 Meeresarten bestimmt worden, darunter 15 neue Meeresnacktschnecken. Im östlichen Bereich liegt ein kleiner Garten mit Prachtanemonen, die Halsband- und Clarks-Anemonenfischen Zuflucht bieten. Unter zarten Blütenkorallen verbergen sich Juwelen-Zackenbarsche, und viele verschiedene Mönchsfische huschen zwischen ausladenden Geweihkorallen hin und her. Auf den flacheren Felssockeln halten sich Einsiedlerkrebse, Schmuckkästchen-Seeigel und Putzergarnelen auf, und Bennetts Haarsterne setzen bunte Akzente.

Die an das Riff anschließenden Sandflächen sind mit Pilzkorallen sowie zahlreichen Strichel- und Schwarzen Seegurken übersät.

**Richelieu Rock**

14 km östlich der beiden Surin-Inseln liegt der Walhai-»Magnet« Richelieu Rock. Aber dieser fünfarmige submarine Pfeiler hat noch viele andere Attraktionen zu bieten.

Die drei südlichen Pfeiler befinden sich in 22 m Tiefe und weisen eine Fülle orangefarbener Hornkorallen auf, direkt unter einem Farbenmeer von Weichkorallen. In ihrem Fels sind Bärtige Drachenköpfe, Steinfische, Muränen, Diadem-Seeigel, Garnelen, Krabben und unwirklich anmutende Nacktschnecken zu Hause. Auch die hermatypischen Strahlenkorallen bergen ein vielfältiges Meeresleben mit Schwärmen von Wimpelfischen, Schwarzpunkt- und Buckel-Schnappern, Indischen und Strahlen-Feuerfischen, Halfterfischen und Riesen-Drückerfischen. Untersucht man die Felsen genauer, entdeckt man das interessante Wechselspiel ihrer vielen Bewohner; ganze Seeanemonengärten beherbergen die verschiedensten Anemonenfische, Anemonen-Garnelen und Krabben.

Da dieser Ort die einzige Nahrungsquelle in der näheren Umgebung ist, kann man hier sehr gut große pelagische Arten beobachten wie Regenbogen-Stachelmakrelen, Querbänder-Barrakudas, Große und Gelbschwanz-Barrakudas, Stachelmakrelen und Tunfische.

Der Meeresboden besteht hier aus Sand und Korallenschutt und ist für verschiedene Weichtiere (auch große Riffsepien und Kraken) und Schnecken ein Zuhause. Zu letzteren gehören Lister-Schnecken, Textil-Kegelschnecken und Mitra-Schnecken. Ansässig ist auch eine Familie Großer Geigenrochen, deren Körper halb Hai, halb Rochen ist.

*Oben: Eine kleine Harlekingarnele* (Hymenocera picta) *frisst einen um vieles größeren Seestern.*
*Rechts: Schöne rote Weichkorallen an einem typischen Abhang bei Hin Tacksin vor Koh Surin Tai.*

## MU KOH SIMILAN

Es gibt zwei Legenden dazu, wie der Archipel aus neun bewaldeten Granitzufluchten zu seinem Namen gekommen ist. Nach der ersten wurden die Similan-Inseln zusammen mit einigen anderen heiligen Stätten in der Andamanen-See nach jungen Dorfmädchen benannt, die man reichen europäischen Siedlern im Austausch für finanzielle Unterstützung zum Geschenk machte. Nach der zweiten wahrscheinlicheren Erklärung kommt der Name vom malaiischen *sembilan*, was »neun« bedeutet.

Dieser Archipel, Thailands meist genanntes Tauchgebiet, ragt 92 km nordwestlich von Koh Phuket aus der Andamanen-See und wurde 1982 zum Nationalpark ernannt. Die umliegenden 130 $km^2$ Meer gehören ebenfalls zum Park. Bis auf die namenlose Insel Nummer Fünf hat jede Insel einen Namen und eine Zahl, die nach Norden hin ansteigt. Zur Überwachung des Nationalparks richtete die Forstabteilung zwei Parkbüros ein, deren Ranger die einzigen ständigen Inselbewohner sind. Gelegentlich betätigt sich die Landesmarine als Helfer und Beschützer eines Aufzuchtprojekts von Meeresschildkröten auf Koh Huyong.

Die Topografie der Ost- und Westküste der Inseln unterscheidet sich insofern, als erstere durch günstigere Wetterbedingungen geformt wurden. Diese geschützteren Küstenstreifen weisen von sanft abfallenden Riffen gesäumte Sandstrände auf, während an den exponierteren Westküsten vom Wetter gepeitschte Felsen vom Meeresboden aufsteigen, die von im scharfen Südwestmonsun geneigten Bäumen gekrönt werden.

So geht es auch unter Wasser weiter. Die östlichen Riffe weisen sanfte Abhänge zumeist von Steinkorallen auf, wenngleich es an den flacheren Abhängen auch gesunde Weichkorallen gibt sowie einzelne Felsblöcke im tieferen Wasser.

Die Westküsten sind genauso herrlich und zeichnen sich durch riesige Felsblöcke aus, die bis hinunter zum Meeresboden verstreut sind. Die starken Strömungen in den unfreundlichen Monaten halten die Zwischenräume von Sand und Korallenschutt frei, sodass faszinierende Tunnel, Bogen, Grotten und Spalten entstehen, und vereinzelte Pfeiler und Plateaus bilden sub-

marine Schauplätze für die Freunde pelagischer Arten.

In den Gewässern tummelt sich vielfältiges Meeresleben. Es sind allein über 200 Steinkorallenarten registriert, dazu große und artenreiche Weichkorallenbestände. Die Sicht im Wasser beträgt oft mehr als 30 m. Im März, dem heißesten Monat, wenn die steigende Wassertemperatur die Algenblüte fördert, verschlechtert sich die Sicht jedoch. Dafür wird das Meeresleben reichhaltiger, vor allem bei den pelagischen Arten, wo man neben Tunfischen, Barrakudas und Stachelmakrelen Mantas, Adlerrochen und gelegentlich Walhaie sieht.

Überall am Archipel findet man traumhafte Tauchgebiete, die hier kurz skizziert werden sollen, beginnend vor der Nordwestküste von Koh Bangu, der Insel Neun.

### Christmas Point

Felsblöcke unterschiedlicher Größe säumen die Nordküste der Insel im etwa 25 m tiefen Wasser. Sie scheinen nach Norden und nach unten größer und zahlreicher zu werden, und an der Oberseite sind sie stellenweise mit Weichkorallen besetzt. Die Korallen säumen auch kleine felsige Überhänge, unter denen große Luftblasen gefangen sind. Dort gibt es keine Korallen, da sie schlicht eingehen würden, doch in den spiegelnden Lufteinschlüssen scheinen sich die Feuerfische gern zu bewundern.

Große Flächen zwischen den umherliegenden Felsblöcken teilen sich verschiedene Steinkorallen, insbesondere breite Plattenkorallen. Die engen Durchlässe und Stufen dazwischen dienen den Riesenmuränen als Putzstationen, wo sie von Putzergarnelen bedient werden. Orientalische Süßlippen genießen einen ähnlichen Service seitens der Putzerfische – in V-Formation warten sie geduldig, bis sie an der Reihe sind.

*Links: Ein Taucher erkundet ein mit Weich- und Hornkorallen bewachsenes Riff beim Fantasea Reef im Nationalpark Mu Koh Similan.*
*Oben: Die Donald Duck Bay an der Westküste von Koh Similan, Island Number Eight.*
*Rechts: Eine kleine Grundel* (Eviota sp.) *verweilt zwischen Korallenpolypen.*

Der westliche Quadrant des Gebiets ist insofern anders, als einige keilförmige Durchlässe durch einen gewaltigen Felsen führen. Sobald man sie passiert, ändert sich die Umgebung drastisch. Sie dienen außerdem als praktischer Fluchtweg, falls die Strömung plötzlich zunimmt, was hier durchaus vorkommen kann.

### Fantasea Reef

Etwa 50 m vor der Nordwestküste von Koh Similan steigt vom Meeresboden ein Feld mit Felsblöcken auf und breitet sich nach Westen aus. Diese wirre Ansammlung aus Plateaus hat mehrere Namen, von denen Fantasea Reef der häufigste ist.

Ausgedehnte felsige Erhebungen sind durch breite Rinnen verbunden, während vereinzelte Pfeiler außen um das Gebiet stehen. Die höheren Plattformen befinden sich etwa 14 m unter der Oberfläche, andere fallen bis auf über 40 m ab. Wie Blattadern durchziehen große Spalten die ansonsten intakten Flächen, wobei die großen Adern von eindrucksvollen Hornkorallen besetzt sind. Die benachbarten engeren Durchlässe werden von verschiedenen Fischen und Muränen als Hinterhalt und Zuflucht genutzt.

Die Vielfalt des Meereslebens in diesem Gebiet ist überwältigend. Verschiedene Drückerfische mischen sich unter Schwärme von Papageifischen, Juwelen-Zackenbarsche, Feuerfische und Süßlippen, und das alles vor dem Hintergrund aus Gorgonien, Schwämmen, Haarsternen und Weichkorallen. Der Boden besteht aus Korallenschutt – sehen Sie genau hin, denn dort lebt die prächtige Geistermuräne: Die blauen erwachsenen Männchen und die schwarzen Jungtiere zeigen sich häufig. Am besten hält man nach Dekor-Schwertgrundeln Ausschau, die dicht über dem Grund schweben; die Muränen sind nie weit entfernt.

**Beacon Reef**

Die Ostküste von Koh Similan wird vom Beacon Reef gesäumt, dem längsten zusammenhängenden Korallenbau der Inselgruppe. Das Riffdach liegt nur 5 m unter dem Meeresspiegel und besteht aus vielen kleinen Hirnkorallenfelsen, die mit Geweihkorallen durchsetzt sind. Zwischen ihnen tummeln sich die verschiedensten bunten Rifffische wie Lippfische, Riffbarsche, Papagei- und Doktorfische.

Die Korallenbauten sind im Südteil des Riffs unverändert, wobei die Exemplare mit zunehmender Tiefe größer werden. Blattkorallen wie Salatkorallen mischen sich unter die vielen horizontalen Plattenkorallen. Der Fischbestand ähnelt dem im flacheren Wasser, wenngleich er arten- und zahlreicher ist. Nicht selten sieht man in größerer Tiefe kleine Weißspitzen-Riffhaie vorbeiparadieren, wo es eine Kette mit Weichkorallen bedeckter Korallenstöcke gibt, die durch orange und blaue Schwämme und bunte Haarsterne farblich noch hervorgehoben werden.

Das Riff endet vor der Südspitze der Insel, Beacon Point. Es ist einer der beliebtesten Orte der Similan-Inseln, um Stechrochen zu beobachten, und es hat hier schon mehr Begegnungen mit Mantas und Adlerrochen gegeben als sonst irgendwo im Park.

**Elephant Head Rock**

Elephant Head Rock unmittelbar im Südwesten von Koh Similan ist eine kleine Ansammlung wettergepeitschter, aus dem Wasser ragender Felsen, von denen der südlichste dem Kopf eines schwimmenden Elefanten ähnelt.

Unter Wasser bilden massige Felsen atemberaubende mächtige Gebilde mit engen Durchlässen, die Mut erfordern.

Östlich der Hauptfelsen fällt der Meeresboden auf über 30 m ab. Schwimmt man in diese Richtung, kommt man an kleineren Blöcken vorbei, von denen einige mit Geweihkorallen gekrönt sind. Viele Riffhaie, darunter Weißspitzen- und Schwarzspitzen-Riffhaie sowie Leopardenhaie, bevölkern diese Gewässer. Unter den Tischkorallen lagern oft junge Riffhaie. Bei den Hauptfelsen in etwa 5 m Tiefe sind kleinere Meerestiere wie Nacktschnecken und Wendeltreppen zu beobachten.

*Oben: Ein Langboot im Nationalpark Had Nopparat. Sie dienen oft als Tauchboote.*

*Rechts: Ein 2 m großer Meyen-Stechrochen* (Taeniura meyeni) *sucht den Meeresgrund ab.*

## KOH PHI PHI

Die beiden Inseln Koh Phi Phi Don und Koh Phi Phi Ley ragen 47 km südöstlich von Phuket aus dem Wasser. Sie gehören zum Nationalpark Had Nopparat, ebenso wie die kleinen Nachbarinseln Koh Yung und Maisai. Das kleinere, zerklüftetere Koh Phi Phi Ley ist unbewohnt, die größere Schwesterinsel dagegen ein stark frequentiertes Ferienziel.

### Koh Phi Phi Don

An der Nordwestküste von Koh Phi Phi Don liegt Ao Nui. Mitten in dieser Bucht ragt ein markanter Felsen auf, an dessen Ostseite das Wasser flach und ideal zum Schnorcheln ist. Zwischen kleinen Blöcken und stellenweise mit Schwämmen bewachsenen Felsen gibt es viele Korallen und Rifffische. Die gegenüberliegende Wand ist mit Löchern und Tunneln jeder Größe übersät, die verschiedenen Muränen Zuflucht bieten. Indische Rotfeuerfische, Ring- und Imperator-Kaiserfische huschen an einem schmalen Spalt hin und her, der mit bunten Korallen und kleinen Gorgonien überzogen ist.

Hin Phae und Hin Dot, die beiden Südzacken von Phi Phi Don, sind gute Schnorchel- und Tauchziele. Wirbellose im Überfluss, Schmuck-Langusten und verschiedene kleine Riffkrabben mischen sich unter die geschäftigen Putzer- und Tanzgarnelen, die sich der Bewohner dieser Bereiche annehmen. Blattartige Korallen sind unter den Steinkorallen am häufigsten vertreten.

In den tieferen Bereichen kleben zahlreiche Austern und Muscheln an den rissigen Wänden. Gemeine Kraken verbergen sich in den zerklüfteten Felsen und lauern auf Beute. Südlich der Riffe sind auch Barrakudas und andere pelagische Arten ziemlich häufig.

### Koh Bida Nai und Koh Bida Nok

Südlich der beiden Phi Phi-Inseln liegen zwei nackte Karste, die durch einen nur 200 m breiten Kanal getrennt sind. Beide Inseln, Bida Nai (innere) und Bida Nok (äußere), sind ideal zum Beobachten kleiner Meerestiere wie Kalmare und Papageifische.

*Oben: Zwei verliebte Pharao-Sepien* (Sepia pharaonensis) *beim Paarungsritual.*
*Unten: Ein mit Weichkorallen bedeckter Korallenstock.*

## KOH LANTA

Der Nationalpark Koh Lanta besteht aus 15 Inseln vor der Küste der Provinz Krabi. In der Region gibt es einige der besten Tauchgebiete des Landes, darunter Hin Daeng und Hin Mouang. Beide liegen etwa 50 km und fünf Stunden Bootsfahrt südwestlich des Fischerhafens Saladan, der sich auf dem Nordausläufer von Koh Lanta Yai befindet und die Inseln versorgt.

### Hin Daeng und Hin Mouang

Anzahl und Gesundheit der Riffbewohner wie auch der Hochseebesucher sind in beiden Gebieten außergewöhnlich, was auch sehr viele pelagische Arten anlockt. Diese Hochseefische trifft man häufig in starken Strömungen, und da hier kräftige, wenn auch nicht konstante Strömungen herrschen, finden sich große Schwärme zum Fressen ein.

Große Querbänder- und Gelbschwanz-Barrakudas, Hundezahn-Tunfische, Regenbogen- und andere Stachelmakrelen sowie Kobias sind hier fast wie zu Hause.

Vor allem ein Besucher sorgt für aufregende Begegnungen – der Walhai. Dies ist eines der besten Gebiete in ganz Südostasien für Begegnungen mit diesem sanften Riesen. Auch die anmutigen Mantas sind hier oft zu Besuch.

*Links: Querbänder-Barrakudas* (Sphyraena putnamiae) *sind bei Hin Daeng und Hin Mouang regelmäßig zu sehen.*
*Oben: Ein majestätischer Manta* (Manta birostris).
*Unten: Nahaufnahme vom Kopf einer Spanischen Tänzerin* (Hexabranchus sanguinius).

**Hin Mouang**

Diese Ansammlung von Felsen vergleicht man am besten mit mehreren zusammenhängenden submarinen Pfeilern ab 8 m Tiefe. Ein Garten aus Prachtanemonen schmückt die Spitze des beherrschenden Pfeilers, dessen purpurne äußeren Säulen dem Ort den Namen geben (Purpurfelsen). Die südlichste Formation beginnt als Steilwand, die bis zu einer schmalen Plattform in 40 m abfällt, bevor sie weiter auf über 70 m stürzt. Mehrere enge Täler durchziehen die ansonsten massive Infrastruktur, die fast unter Weichkorallen und Gorgonien verschwindet, letztere bei näherem Hinsehen mit Langnasen-Büschelbarschen, Weichkorallenkrabben und im tieferen Wasser Dörnchenkorallen-Garnelen als vertrauten Bewohnern.

Auf halber Strecke am Riff befindet sich eine etwa 50 m breite Höhle. Sie durchschneidet den Fels nicht, wie es die kleineren tun, sondern hört auf halbem Weg auf und ändert die Richtung. Bei unangenehmer Strömung bietet dieses felsige Hindernis guten Schutz und ist aufgrund seines vielfältigen und bunten Meereslebens darüber hinaus einer der Höhepunkte des Gebiets. Nachts bewachen Schmuck-Langusten in Regimentsstärke die schmalen Sockel und Tunnel in den Wänden, und die Augen der Putzergarnelen und kleinen Riffkrabben werfen das Licht der Lampen in Gestalt winziger roter Punkte zurück. Im größeren Maßstab sorgen Riesenmuränen für einen erhöhten Luftverbrauch beim Taucher, wenn sie ihr Versteck verlassen und ebenso wie der reglose Bärtige Drachenkopf ihre nächtliche Jagd aufnehmen.

*Oben: Der Harlekin-Lippfisch* (Plectorhinchus chaetodonoides) *ist ein häufiger Riffbewohner.*
*Rechts: Rechtwinklig zur starken Strömung filtern prächtige Hornkorallen Kleinlebewesen aus dem Wasser.*
*Folgende Doppelseite: Ein Taucher über mächtigen Plattenkorallen.*

**Hin Daeng**

Im Gegensatz zu seinem Nachbarn ragt Hin Daeng (Roter Felsen) aus dem Wasser, zumindest bei Ebbe. Der Name des Felsens leitet sich von den Rottönen der Bäumchen-Weichkorallen her, die seine oberen Abhänge und Wände überziehen. Der Felsen fällt über mehrere Wände, Sockel und Flächen ab, die unterschiedlich stark mit Korallenstöcken, Peitschenkorallen und Teppich-Anemonen bewachsen sind. Das außergewöhnliche Meeresleben reicht hier von winzigen Wirbellosen bis zum bedrohlich aussehenden Grauen Riffhai, der in Wirklichkeit höchst ängstlich und kein Grund zur Sorge ist.

Unter anderem begegnet man bei Hin Daeng auch Leoparden-Haien, zumeist im südlichen Teil. Dort gibt es auch zwei hohe Grate, die durch einen steilen Hang mit kleinen Korallen und weiteren Felsen getrennt sind, ähnlich einem Riesenhufeisen.

Im Innenbereich herrscht ein eher ungewöhnliches Meeresleben mit Sepien und Gemeinen Kraken, Feuer-, Skorpions- und den eigenartigen Steinfischen, ferner mit Muränen, Fangschrecken-Krebsen und Meernattern. Auch Schnapper treten in Schwärmen auf, schwimmen jedoch meistens weiter. Den Leoparden-Haien scheint es zu genügen, zwischen den kleinen Pfeilern Katz und Maus zu spielen.

Der mittlere Bereich dieses Gebiets erinnert an eine Oase – die allerdings von Pfeilern umgeben ist, nicht von Sanddünen. Die Wirkung ist jedoch die gleiche, da diese Felspfeiler den vorübergehenden Bewohnern Schutz bieten. Das machen sich unter anderem Stechrochen, Juwelen-Zackenbarsche und Kugelfische zunutze.

Schließlich hat Hin Daeng auch noch eine große, ansässige Suppenschildkröte, aber niemand weiß, wo sie lebt und wann sie auftaucht.

# INDONESIEN

Michael Aw

BALI • LOMBOK • ROTI • WEST-TIMOR

Die indonesischen Inseln Sumatra, Java, Bali, Lombok, Sumba und Timor liegen am Ostrand des Indischen Ozeans. In diesem Gebiet begegnen sich die marine Vielfalt aus Pazifischem und Indischem Ozean. Für die Meereswissenschaftler ist diese Region das Herzland der biologischen Vielfalt – mit der arten- und zahlreichsten Meeresflora und -fauna der Erde.

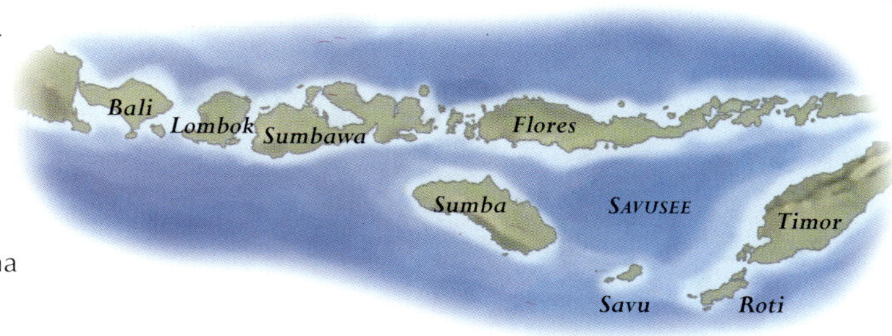


Dr. Gerry Allen und Dr. Jack Randall, zwei der weltweit führenden Ichthyologen, haben in den indonesischen Gewässern über 3.200 Fischarten nachgewiesen gegenüber 2.000 in Palau, 1.200 am australischen Großen Barriereriff und etwa 800 im Roten Meer. Bei den Wirbellosen wie Korallen, Krebsen, Weichtieren und Würmern ist die Vielfalt ähnlich hoch. Mit diesem ungeheuren Reichtum und einem entsprechenden Gelände wie submarinen Steilwänden, Schluchten, Riffen und Vulkanen ist Indonesien ein Muss für jeden anspruchsvollen Taucher. Mit seinen über 17.000 Inseln bietet Indonesien dem Beherzten Abenteuer für ein ganzes Leben.

Indonesien ist zwar das größte islamische Land der Erde, die 2,6 Millionen Bewohner Balis sind jedoch überwiegend Hindus und führen ein Leben voller Feste, Tanz und Musik auf der Grundlage von Philosophie, Religion und festen Werten. Die üppige Vegetation Balis, seine hohen Berge und die weißen Sandstrände machen die Insel zu einer der schönsten Indonesiens.

Bali ist das internationale Tor zum übrigen Archipel. Pro Jahr besuchen über eine Million Touristen die Insel. Deshalb machen viele Taucher einen Bogen um Bali zugunsten anderer weniger stark besuchter Ferienziele. Sie wissen nicht, was ihnen entgeht. Das Wrack der *Liberty* in der Tulamben-Bucht ist eines der weltweit meistbetauchten aus dem Zweiten Weltkrieg. Der angesehene Ichthyologe Robert Myers hat hier fast 600 Fischarten registriert.

Bali hat fünf große Tauchgebiete: Nusa Dua und Sanur; Padang Bai und Candidasa; Nusa Penida und Lembonfan; Tulamben und Menjangan. Alle Gebiete sind einzigartig und eignen sich für Anfänger wie erfahrene Taucher.

Östlich von Bali liegt die Insel Lombok. Getaucht wird überwiegend bei den drei Gilis: Trawangan, Air und Meno, drei Sandinseln an der Westküste von Lombok. Es sind idyllische Tropeninseln mit Kokospalmen und weißen Sandstränden. Obwohl es ringsum Korallenriffe mit artenreichem Fischbestand gibt und die Sicht unter Wasser bei 15 m liegt, wird in der Gegend mit Sprengstoff gefischt.

Das Tauchen vor Roti und West-Timor wurde als Zusatztrip für Taucher entdeckt, die sich nach Alor wagten, einem der Topziele Ostindonesiens. Obwohl das Meeresleben hier ähnlich vielfältig wie im übrigen Indonesien ist, fordert das Fischen mit Sprengstoff seinen Tribut.

*Links: Fischerboote vor Anker in einer kleinen Bucht vor einer* Gili *oder Insel.*

*Rechts oben: Fruchtbare Plantagen auf Bali.*

**Klima**
Tropisches Monsunklima.

**Beste Zeit** Juli und August.

**Anreise**
Flüge nach Jakarta und Denpasar auf Bali.

**Wassertemperaturen**
**BALI: Tulamben:** 24–27 °C. **Nusa Penida** und **Lembongan:** Auftrieb bewirkt gewaltige Schwankungen. Ein Abfall von 24 auf 15 °C ist nichts Ungewöhnliches. **Menjangan:** Durchschnitt 27 °C. **Secret Bay:** Durchschnitt 21 °C. **LOMBOK:** Durchschnitt 26 °C. **ROTI:** 25–28 °C. **WEST-TIMOR:** 23–26 °C.

**Sicht**
**BALI: Tulamben:** Durchschnitt 20 m, maximal 25 m. **Nusa Penida** und **Lembongan:** starke Schwankungen von 5–30 m. **Menjangan:** 20 m. **Secret Bay:** etwa 10 m bei Flut und 2–3 m bei Ebbe. **LOMBOK:** Durchschnitt 15 m. **ROTI:** zwischen 5 und 15 m. **WEST-TIMOR:** Durchschnitt 5–12 m.

**Meeresleben**
Fauna und Flora sind hier von beispielloser Vielfalt. Tulamben Bay und Secret Bay auf Bali sind besonders artenreich.

**Tauchtiefen**
Von 3 m bis in für Sporttaucher verbotene Tiefen.

**Schnorcheln**
Beim Wrack der *Liberty*, Tulamben Bay, Bali.

## BALI

### Tulamben Bay

Das Küstendorf Tulamben liegt 120 km nordöstlich von Kuta, dem großen Touristengürtel Balis. Eine kleine Bucht mit einem Kieselstrand ist der Ausgangspunkt für drei der besten Küstentauchgänge in Indonesien.

Einmalig ist der Trägerservice für Sporttaucher in Tulamben, den die Dorfbewohnerinnen bieten. Vom Teenie bis zur Großmutter versetzen sie selbst die stärksten Taucher in Erstaunen. Mit einem Gurt und leichten Gummisandalen tragen sie die komplette Ausrüstung eines Sporttauchers auf dem Kopf. Geschickt und anmutig wie Ballerinas balancieren sie 20 kg und mehr über die faustgroßen Kiesel am Strand, auf denen Taucher selbst mit Gummistiefeln und ohne Gepäck oft straucheln. Entlohnt werden die Frauen vom Tauchveranstalter.

In dieser stillen Landschaft kann man sich kaum vorstellen, dass im März 1963 der Mount Agung in einer gewaltigen Eruption explodierte, die das ganze Dorf begrub und über 1.000 Menschen tötete. Lava, Asche und Schlacken wälzten sich über Felder und Straßen und isolierten diesen Teil der Insel längere Zeit. Das Land ist noch heute unfruchtbar, die Flüsse trocken, aber trotzdem herrschen im Dorf Freundlichkeit, Zufriedenheit und Zuversicht. Die Landschaft ist von einer herben, gewaltigen Schönheit – aus den Lavabrocken und den ausgetrockneten Flussbetten streben Palmyrapalmen und Kakteen empor.

### *Das Wrack der* Liberty

Nur 400 m vom Mimpi Resort entfernt liegt das Wrack der USAT *Liberty*, ein eindrucksvolles, 100 m langes Überbleibsel aus dem Zweiten Weltkrieg. Am 11. Januar 1942 torpedierte ein japanisches U-Boot das Kriegsschiff 15 km südwestlich von Lombok. Das Schiff wurde von zwei Zerstörern in Schlepp genommen, drohte jedoch zu sinken. Um die Ladung zu retten, wurde es mit Erfolg in der Tulamben Bay an Land geschleppt. Beim Vulkanausbruch 1963 wurde es ins Wasser zurückgeworfen und liegt jetzt fast parallel zum Ufer. Heute ist die *Liberty* Indonesiens Tauchmaskottchen.

Die Taucher aus aller Welt lockt jedoch in erster Linie das außergewöhnliche Meeresleben hierher. Das Schiff ist ein Musterbeispiel für den Reichtum der indonesischen Gewässer. Zu seiner Popularität trägt natürlich auch bei, dass das in 5 bis 30 m Tiefe liegende Wrack leicht zu betauchen ist.

Die Hauptattraktion beim Wrack sind die vielen zutraulichen Fische. Feldwebelfische, Nasendoktorfische und Mondsichel-Lippfische schwimmen den Tauchern oft entgegen, um sich füttern zu lassen. Größere Fische wie Büffelkopf-Papageifische, Napoleon-Lippfische, Orientalische Süßlippen, Juwelen- und andere Zackenbarsche stehen manchmal frei im Wasser und geben hervorragende Fotomotive ab.

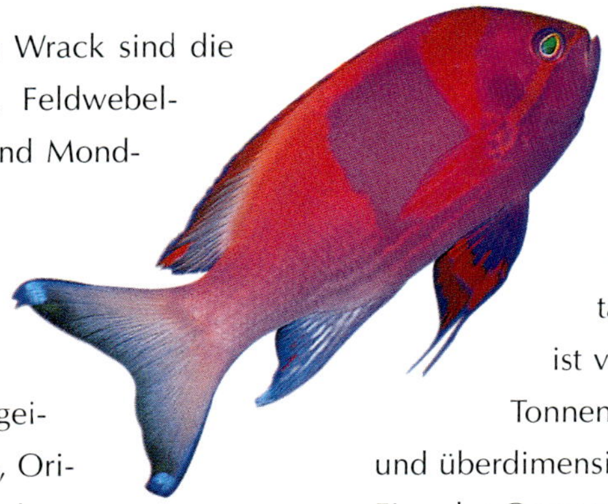

*Oben: Neon-Fahnenbarsch* (Pseudanthias pleurotaenia).
*Unten (v.l.n.r.): Goldflecken-Kauri* (Diminovula aurantiomacula); *Seescheide* (Polycarpa aurata) *und ein Stillleben mit einer Seescheide, Hydrozoen und Schwämmen.*

Im und beim Wrack gibt es über 600 Rifffischarten. Man sieht zwar nur einige tischartige Steinkorallen, die Aufbauten sind jedoch stark mit Weichkorallen, Gorgonien und Schwarzen Korallen, Hydrozoen und farbenprächtigen Schwämmen bewachsen.

Das Geschütz in 28 m ist noch intakt und völlig mit sessilen Tieren und Gorgonien überwuchert. In 30 m Tiefe weist das Wrack reichlich rote Peitschenkorallen, große Tonnenschwämme und mehrere Grundelarten auf – ein Paradies für Fotografen. Sogar Schnorchler können sich am Wrack tummeln; der Bug, der über und über mit Schwämmen und Seescheiden überkrustet ist und den zutraulichen Fischen Zuflucht bietet, ist nur 30 m vom Ufer entfernt.

### *The Wall*

Am Ostende der Bucht, unterhalb des Tempels, fällt eine Korallenwand auf über 60 m ab. Dorthin eilen die Fantasien vieler Taucher. Die Wand ist von oben bis unten mit riesigen Tonnenschwämmen, Korallenbäumen und überdimensionalen Gorgonien bewachsen. Eine der Gorgonien auf einem Sims in 30 m ist über 3 m hoch und mit Langnasen-Büschelbarschen und Goldenen Riffbarschen geschmückt. In Grotten und Spalten verborgen, hausen Stachelaustern, Zäpfchenkorallen, Krabben und Garnelen zusammen mit Husarenfischen, Juwelen-Zackenbarschen, Schleim- und Skorpionsfischen.

Bei Fischexperten ist die Wand berühmt für seltene Arten wie Augenfleck-Mirakelbarsche (*Calloplesiops altivelis*), ein Fisch mit ausgefallenen Flossen und einem Augenfleck. Nachttauchen an The Wall ist wie eine Unterwasser-

aufführung des Disney-Films *Fantasia*. Halten Sie vor der Wand inne, schalten Sie die Lampe ab und schauen Sie. Wie von Zauberhand leuchten Millionen kleiner grüner Glühbirnen auf und vollführen einen Tanz blinkender hin und her huschender Lichter.

### *Mimpi House Reef*

Bekannte Autoren von Meeresbüchern wie Rudie Kuiter, Roger Steen und Gerry Allen hatten ein gemeinsames Geheimnis – der beste Platz für die Suche nach neuen Arten in der Bucht ist weder das Wrack noch die Wand. Seltene, ungewöhnliche Geschöpfe sucht man am besten zwischen den Haarsternen, Schwämmen und Seeanemonen, die über die weiten schwarzen Sandhänge vor Mimpi verstreut sind. Wer genauer hinsieht, entdeckt zahlreiche Harlekin-Geisterpfeifenfische, Seepferdchen, 15 Arten Nacktschnecken, Flügelrochen, Helm-Knurrhähne, Symbiosegrundeln, seltene Furchenkrebse, Riffsepien, Schlangenaale, Spinnenkrabben, Anemonenkrabben und eine noch zu bezeichnende Sandanemonenart.

Als Taucher macht man in Tulamben am besten im Mimpi Resort oder Paradise Home direkt am Strand Quartier. Dann kann man auch

frühmorgens oder abends tauchen, wenn die vielen Tagestouristen aus Kuta fort sind. Von 10 bis 15 Uhr herrscht reger Bootsverkehr zum Wrack der *Liberty*.

Die andere Möglichkeit ist ein Tagesausflug mit einem Tauchveranstalter um 7 Uhr ab Kuta. Es lohnt sich trotz der langen Autofahrt. Ernsthafte Taucher meinen, dass zehn Tage nicht reichen, die vielen Kostbarkeiten dieser Bucht zu erkunden.

### Nusa Penida und Lembongan

Die Inseln Penida, Lembongan und Cenida liegen dicht beieinander vor der Südostküste Balis. Die Bandungstraße trennt nicht nur diese Inseln vom Festland auf Bali, sie ist auch Teil der Wallace-Linie, einer imaginären Grenze zwischen der Flora und Fauna des Ostens und der des Westens. Die Natur unterscheidet sich hier eindeutig von der auf Bali und Java.

Obwohl Bali nur 11 km entfernt ist, ist dies eine in jeder Hinsicht andere Welt. In dieser Region strömen ständig unermessliche Wassermassen zwischen Indischem Ozean und Javasee hin und her. Kalter Auftrieb aus der Tiefe, Abströmen und starke Strömungen versorgen die Riffsysteme mit Nährstoffen. Für den Unerfahrenen kann das Tauchen hier tückisch werden, dem versierten Taucher beschert es dagegen aufregende Stunden.

*Unten: Ein Taucher in der Nähe des Wracks der* Liberty *in der Tulamben Bay auf Bali. Das Meeresleben konzentriert sich um das Wrack in stupender Vielfalt, darunter über 600 Arten Rifffische.*

***Jurassic Point***

»Dies ist ein Ort, wo man seinen besten, schlechtesten oder letzten Tauchgang macht.« Das die Worte eines Tauchveranstalters über Jurassic Point bei der Insel Lembongan. Das normale Profil hat eine Riffterrasse in 10 m Tiefe, danach einen Steilabfall auf 30 m, an den ein

*Oben (v.l.n.r.): Ein Schlangenstern* (Ophiothela sp.); *Schmuckkästchen-Seeigel* (Mespilia globulus); *eine Qualle* (Phyllorhiza punctata) *– bevorzugte Nahrung des Mondfisches.*
*Links: Eine große Grünaugen-Sepia* (Sepiotheutis lessoniana).

bis auf 600 m abfallender sanfter Hang folgt. Bei 30 m findet man Pfeiler und Felsen. Hat man die Riffterrasse hinter sich, ähnelt das Gelände dem an der Oberfläche – jedoch bedeckt mit einer Wiese bunter gedrungener Weichkorallen. Das pralle Riffleben ernährt Riesen-Zackenbarsche, Haie und Tunfische. Adlerrochen und hunderte großer Riffrochen versammeln sich zur Paarung zwischen den Felsen. Da der Kanal so schmal ist, ziehen pelagische Arten fast in Reichweite der Taucher vorbei. Treibt man in der sanften Strömung, wird man fast selbst einer von ihnen.

Die vielleicht größte Einzelattraktion für Taucher an der Jurassic Point sind die Hochsee-Mondfische (*Mola mola*), die zwischen August und November oft hier auftauchen. Diese bis zu 3 m großen Sonderlinge des Meeres sehen wie eine fliegende Untertasse mit Flügeln an den »falschen« Stellen aus. Mit zwei mächtigen Flossen, eine oben, die andere unten, einem scheibenförmigen gallertartigen Körper, großen Froschaugen und einem kleinen Maul wirken sie vollkommen unkoordiniert und ulkig. Hochsee-Mondfische gehören zur Familie Molidae und leben, wie der Name sagt, im offenen Meer, wo sie sich von Quallen und Plankton ernähren. Die scheinbar trägen Fische fordern geradezu zum näheren Hinschauen heraus – doch eine falsche Bewegung vom Taucher, und sie verschwinden wie der Blitz. Neben einem Mondfisch herzuschwimmen ist ein einmaliges Erlebnis.

***Manta Point***

Ein ebenso gutes Gebiet ist Manta Point an der Westküste von Penida. Lebhafte Strömungen bringen Schwärme von Stachelmakrelen und bescheren das Erlebnis, gemeinsam mit Mantas im Flachwasser zu schwimmen. In Tuchfühlung mit zwanzig dieser sanften Riesen zu kommen ist hier nichts Ungewöhnliches.

Die meisten guten Tauchveranstalter auf Bali bieten Tagestouren zur Penida-Gruppe an. Die Boote verkehren im Allgemeinen ab Sanur, die größeren ab Benoa Harbour; Voranmeldung ist erforderlich. Die besten Chancen, einen Hochsee-Mondfisch zu sehen, haben Sie bei Michael Cortenbach von Bali Hai Cruises. Er erforscht seit mehreren Jahren das Verhalten dieser Fische.

**Menjangan**

Die Insel Menjangan liegt direkt vor der Nordwestecke von Bali. Sie gehört zum Nationalpark Bali Barat, ist ein Schutzgebiet und deshalb nur tagsüber zugänglich. Da sie vor starken Strömungen und Brandung geschützt ist, kann man hier sicher und problemlos tauchen. Die Insel ist bei allen Tauchern entsprechend beliebt. Die Riffe und Wände bieten dagegen indonesische Unterwasserlandschaft und -fauna pur.

Menjangan ist zerklüftet, hat Höhlen, Grotten und Spalten und nur einige kleine Sandstrände. Das Riffdach ist üppig mit Geweihkorallen bewachsen, zeigt jedoch Anker- und Taucherschäden. Die Korallenwände und -hänge sind voll großer Tonnenschwämme, roter Peitschenkorallen und Gorgonien. Fledermaus-, Doktor- und Papageifische beherrschen die Fischfauna; im tieferen Wasser begegnet man Weißspitzen-Riffhaien. Die Wände reichen zwar bis in über 60 m Tiefe, am meisten Leben herrscht jedoch auf dem Riffabhang und in der Wand zwischen 10 und 30 m.

Das beste Tauchgebiet liegt direkt südlich vom Ostende der Insel. Um dorthin zu gelangen, steigt man auf etwa 18 m ab und folgt dem Gelände in nordöstlicher Richtung durch Felder von Horn- und Peitschenkorallen. Ein ebenfalls interessantes Gebiet ist das Wrack der *Anker*. Es liegt in 30 m Tiefe vor der Westspitze der Insel. Das Heck des 25-m-Bootes ruht in 45 m auf dem Sandboden und ist mit Korallen und Gorgonien überwuchert. Der Fischbestand ist im Allgemeinen dicht und umfasst unter anderem Schnapper, Halfterfische, Süßlippen und Papageifische.

Zum Tauchen vor Menjangan muss man sich einem der lokalen Veranstalter in Kuta oder

## Mondfisch

*Der Mondfisch* (Mola mola) *ist eines der rätselhaftesten Lebewesen des Meeres. Mit dem scheibenförmigen Körper, einer großen Brust- und Schwanzflosse, einem kleinen Maul mit geschwollenen Lippen an einem Ende sowie einem untauglichen Schwanz am anderen sind Mondfische von Natur aus etwas Besonderes.*

*Man findet die flachen, runden, mit den Kugelfischen verwandten Sonderlinge in allen freien tropischen und gemäßigten Gewässern. Den Namen verdanken sie wohl dem runden Körper und der Angewohnheit, sich an der Oberfläche auf eine Seite zu drehen; in anderen Sprachen heißen sie auch Sonnenfische.*

*Der Mondfisch ist der größte Knochenfisch der Erde; das größte Exemplar war 3,3 m lang und 2.235 kg schwer. Ein besonderes Merkmal ist die extrem dicke, schleimbedeckte, gummiartige Haut. Bei erwachsenen Tieren ist sie 12 cm dick und mehr. Der Mondfisch hat eine sehr wirksame natürliche Abwehr: Er sitzt voller Parasiten, ist wenig schmackhaft und vermutlich sehr zahlreich (trotzdem ist er nicht leicht zu finden). Mondfische gelten auch als die fruchtbarsten Fische überhaupt; ein Weibchen von einem Meter und mehr kann über 300 Millionen Eier produzieren.*

*Da Mondfische sich überwiegend an der Oberfläche aufhalten, ernähren sie sich hauptsächlich von im Wasser treibenden Tieren. Ihre bevorzugte Nahrung sind Quallen. Mondfische saugen ihre Beute buchstäblich an, halten sie mit den Haftkiefern fest und speien das Wasser dann aus.*

*Meistens sieht man Mondfische an der Oberfläche, zuweilen in Gesellschaft von Vögeln, die ihnen die Parasiten ablesen. Vor Bali findet man sie normalerweise im freien Wasser oder in 30 m, umgeben von Wimpel-, Kaiser- und Lippfischen.*

*Rechts: Klein wirkt der Taucher neben dem Mondfisch* (Mola mola)*, der von einigen Gemeinen Wimpelfischen* (Heniochus acuminatus) *begleitet wird.*

Sanur anschließen. Die Autofahrt über 125 km vom Touristengürtel ist malerisch; das Tauchpaket umfasst normalerweise zwei Tauchgänge, Transfer mit Boot und Auto von einem Stadthotel, Bleigürtel, Mittagessen und Parkgebühren.

## Secret Bay

Dieses neue Gebiet gehört Tonozuka, dem bekanntesten Fischfotografen Balis. Seit seiner Entdeckung steht Secret Bay auf der Wunschliste jedes professionellen UW-Fotografen in Asien und Japan. In dieser Bucht werden gegenwärtig viele der Wissenschaft noch unbekannte Arten registriert.

Am Zugang zur Bucht, auf der anderen Seite der Straße von Gilimanuk, wo die Fähre nach Java abgeht, liegt ein neues Tauchzentrum, das speziell für UW-Fotografen gedacht ist. Secret Bay bietet einfaches Küstentauchen, das Wasser ist jedoch wegen der nahen kalten Strömungen ungewöhnlich frisch. Das nährstoffreiche kältere Wasser strömt in das Seegras- und Mangrovengebiet und macht es zu einer Kinderstube für Tiere aus Pazifik und Indischem Ozean. Viele Arten kommen nur hier vor, andere sind in anderen Teilen Balis oder gar in ganz Indonesien selten.

Das Gebiet ist insofern einzigartig, als es überwiegend Flachwasser mit maximal 3 m Tiefe aufweist. Auf dem schwarzen Sandboden wachsen vereinzelt Seegras und Beerentang. Der geübte Tierbeobachter findet hier ein Paradies: Seepferdchen, Strahlen-Feuerfische, Harlekin-Geisterpfeifenfische, Schlangenaale, Steinfische, Nacktschnecken, Grundeln, Spinnenfische, Seeigel, ausgefallene Kardinalfischarten und Krötenfische. Vor allem letztere sind in der Bucht zahl- und artenreich; vier Arten kommen vor – der Gepunktete Anglerfisch, der Sargasso-Anglerfisch, der Rückenfleck-Anglerfisch und eine Art, deren wissenschaftliche Benennung kurz bevorsteht.

Secret Bay ist nichts für den normalen Taucher, aber wer sich für Neuentdeckungen, Makrofotografie und exotisches Meeresleben interessiert, ist hier richtig.

Gegenwärtig kann man in der Secret Bay nur nach Vereinbarung mit Tonozuka bei Dive & Dive Bali tauchen. Der Veranstalter ist bemüht, den Massentourismus fern zu halten – deshalb auch der Name Secret Bay.

*Links oben: Ein Finger-Leierfisch* (Dactylopus dactylopus).
*Unten (v.l.n.r.): Rundflecken-Anglerfisch* (Antennarius pictus); *Seepferdchen* (Hippocampus sp.); *ein Schlangenaal lugt aus dem Untergrund.*

## LOMBOK

### Takat Malang

Dieses mit Abstand beste Gebiet der Gegend liegt nördlich von Gili Air, der Lombok am nächsten gelegenen Insel. Die Steinkorallenwiesen hier sind beeindruckend; für Dr. Carden Wallace vom Museum of Tropical Queensland ist das Gebiet hinsichtlich Geweihkorallen eines der ergiebigsten im Indopazifik. Während der Erkundung wurden mehrere neue Arten entdeckt und benannt.

Man trifft hier ständig auf Schwärme von Stachelmakrelen, darunter einige besonders große Dickkopf-Makrelen (*Caranx ignobilis*). Auch Weißspitzen-Riffhaie sind hier regelmäßig zu sehen – weiter unten im Kanal manchmal bis zu zehn Exemplare. Dies ist ein relativ einfacher Tauchgang für Neulinge und erfahrene Taucher.

### Weichkorallengarten Trawangan

Dieses Gebiet liegt an der Nordküste von Gili Trawangan und ist mit Gorgonien, Bäumchen-Weichkorallen, Schwämmen und Filigrankorallen bewachsen. Es herrscht meistens eine Strömung von ein bis zwei Knoten, sodass vor dem Steilhang Strömungstauchen angesagt ist. Manchmal wagen sich große Hundezahn-Tunfische heran, um die Taucher zu inspizieren. Zwischen den Korallenstöcken tummeln sich Blaustreifen-Schnapper, Imperator-Kaiserfische, Juwelen-Fahnenbarsche und Gelbstreifen-Fahnenbarsche in großer Zahl.

Am Ostende des Korallengartens stehen ein paar gesunde Korallenstöcke, die unter anderem von Blaupunkt-Stechrochen, Muränen und Sandgrundeln bewohnt werden. In der Nähe sind einige der größten Riesenmuscheln in indonesischen Gewässern zu bestaunen.

Fünf Tauchveranstalter, einige davon mit Stützpunkt auf Gili Trawangan, kümmern sich um die Taucher auf Lombok. Ihr Standard schwankt, reicht aber bis zum Tauchen mit Nitrox und Mischgas. In der Hochsaison im Juli und August sind Voranmeldungen unerlässlich.

*Gegenüber rechts oben: Blick über Lombok mit dem Vulkan Api Banda.*
*Rechts: Eine Taucherin im Weichkorallengarten von Trawangan.*

## ROTI

Die Insel Roti liegt vor der Südwestspitze West-Timors und ist gleichzeitig der südlichste Punkt Indonesiens im Indischen Ozean. Das Tauchen hatte hier bisher überwiegend Erkundungscharakter.

Von den bisher erfassten Gebieten ragen Batu Termanu Mai, der weibliche Fels, und Batu Termanu Jantan, der männliche Fels, heraus.

### Batu Termanu Mai

Batu Termanu Mai, der größere der beiden Felsen, liegt nordöstlich der Inselhauptstadt Ba'a. Hier taucht nacktes, raues Kalkgestein tief in das Meer. Das Riffdach breitet sich mehr als 100 m aus, bevor es in einer Wand auf 30 m abstürzt. Der Bewuchs dieser Wand mit Weichkorallen erinnert an den der White Wall bei den Fidschi-Inseln; pastellfarbene Weichkorallen und orange Zäpfchenkorallen bedecken die ganze Wand.

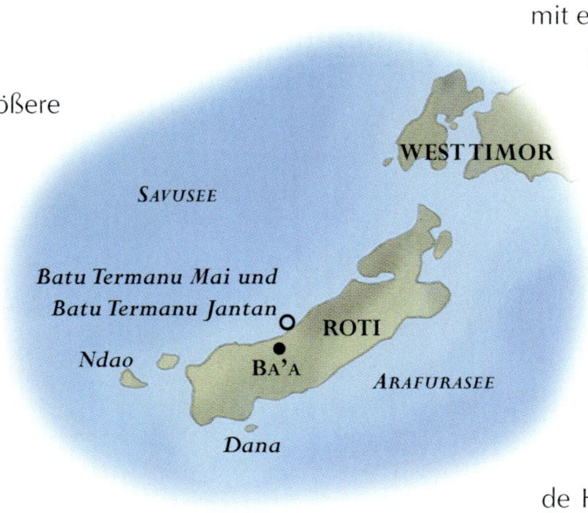


Im tieferen Wasser bekommen grüne Zäpfchenkorallen und Schwarze Korallen die Oberhand. Gelbrücken-Füsiliere, Doktor-, Falter- und Lippfische schwimmen vor der Wand auf und ab, und im offenen Meer patrouillieren Adlerrochen und Makrelen. In kleinen Grotten und unter Felsbändern halten sich oft Weißspitzen-Riffhaie und Riesen-Zackenbarsche auf. Auch Langnasen-Büschelbarsche und einige große Feuerfische trifft man hier immer wieder an.

### Batu Termanu Jantan

Batu Termanu Jantan, der kleinere der beiden Felsen, liegt 15 Minuten Bootsfahrt östlich von Batu Termanu Mai. Es ist ein rundlicher Felsen mit einem einzelnen Pfeiler; bei Flut ist nur noch der Pfeiler zu sehen. Auf der meerwärtigen Seite gibt es zwischen den Korallenstöcken zahlreiche schmale Durchlässe, die eine Erkundung lohnen. Auf Felsbändern und in Nischen findet man ruhende Hummer, Weißspitzen-Riffhaie und Zackenbarsche. Häufig kann man Mantas beobachten, und fast immer sind quirlige Stachelmakrelen und Barrakudas beim Felsen zu finden. Während unserer Forschungsexpedition schwamm ein 6 m langer junger Walhai neben uns und tat sich an einer dunklen Wolke aus Kleinfischen gütlich.

Auf Roti gibt es unseres Wissens keine Taucheinrichtungen. Am besten, man kommt mit einem Kreuzfahrtschiff von Maumere, der Tauchmetropole von Ostflores.

*Oben: Ein Trompetenfisch* (Aulostoma chinensis).
*Links unten: Sensationelles Foto einer Olive Seeschlange* (Aepisurus laevis), *die einen Aal verschlingt.*
*Unten: Königsblaues Manteltierchen* (Rhopalaea sp.).

## Wendeltreppen (Epitonium Bileeanum)

*In Gutenachtgeschichten und Märchen sind Wölfe das Opfer der Erfordernisse des Lebens – sie müssen fressen, um zu leben, und werden dafür verteufelt. Der »Wolf im Schafspelz« ist zwar einfallsreich, wird aber wegen seiner Instinkte und seines Geschicks verurteilt. Im Reich unter Wasser gibt es einen Schurken mit vielen Posen und Intelligenz,* Epitonium bileeanum, *eine zu den Wendeltreppen gehörende Meeresschnecke, die die List des Wolfs im Schafspelz übernommen hat.*

*Dieser Wolf aus dem Meer trägt ein heiteres, kanariengelbes Kleid und gibt sich betont friedlich, ist jedoch berüchtigt, weil er seiner Beute das Leben bei lebendigem Leib buchstäblich aussaugt und den Kadaver seines Opfers als Nest für seine Nachkommen nutzt.*

### Fressgewohnheiten

*Die wählerischen Wendeltreppen ernähren sich ausschließlich von Zäpfchenkorallen, leuchtend orangefarbenen und gelben Röhrenkorallen, die auf den Riffen im Indischen Ozean wachsen. Das Wendeltreppenmännchen ist kleiner und fährt auf dem Rücken der Partnerin huckepack, wenn es den beiden Hauptanliegen der Evolution nachgeht – dem Fressen und Fortpflanzen.*

Epitonium bileeanum *ernährt sich von der sonnenblumengelben* Tubastrea coccinea, *die in den Tropen weit verbreitet ist. Da* Tubastrea*-Korallen kein Sonnenlicht brauchen, findet man sie meistens unter Überhängen, in Grotten und an Steilwänden. Mit ihren nesselzellenbewehrten Tentakeln fangen sie im Wasser treibendes Plankton.*

*Sobald die Wendeltreppe eine Beute ausgemacht hat, kriecht sie hin und saugt ihr das Gewebe aus. Männchen und Weibchen weiden nur selten auf derselben Koralle, meistens getrennt.*

*Die Meeresbiologen wissen nicht, ob die Schnecken gegen die Nesselzellen ihrer Opfer immun sind. Aber anscheinend ist* Epitonium bileeanum *mit Hilfe einer kräftigen Proboscis in der Lage, Abstand zu den Tentakeln zu halten.*

### Fortpflanzung

*Kaum jemand kann gleichzeitig essen und sich fortpflanzen. Dem Weibchen von* Epitonium bileeanum *fällt das nicht schwer. Selbst bei der Eiablage auf einer abgestorbenen Koralle fressen sie auf einer anderen weiter. Die gelbe Eimasse wird in Ketten aus kleinen gelben Wirteln und Schleifen abgelegt, die aus nächster Nähe ausgestreckten* Tubastrea*-Tentakeln ähneln. Durch das Nachahmen dieser nesselbewehrten Tentakel wird das Gelege vor Fressfeinden geschützt.*

### Auswirkung auf die Korallen

Epitonium bileeanum *ist für einen gesunden Appetit bekannt. Den Überfall einer Gruppe von Wendeltreppen überleben nur wenige Korallenpolypen. Eine ganze* Tubastrea*-Kolonie kann im Verlauf eines Nachmittags ausgelöscht werden.*

*Links oben: Eine Wendeltreppe steckt ihre lange Proboscis in den Kelch einer lebenden Koralle.*
*Mitte oben: Wendeltreppen können gleichzeitig fressen und sich paaren. Die Männchen sind kleiner als die Weibchen.*
*Oben: Die Eier ähneln in Form und Färbung den Tentakeln der Zäpfchenkorallen.*
*Unten: Diese Wendeltreppe vertilgt lebende Korallenpolypen; rechts im Bild die bereits abgefressenen Überreste.*

## WEST-TIMOR

### Kupang

Bei Kupang kann man das ganze Jahr hindurch tauchen, die bekannten Tauchgebiete liegen jedoch größtenteils im Hafenbereich, nordöstlich der Insel Semau und bei der nahen Insel Kera. Für UW-Fotografen besonders interessant ist der Korallenabhang vor dem Pertamina Dock. Das ist ein fantastisches Tauchgebiet für Makrofotografen und die Freunde ausgefallener Arten. Es wimmelt von Seenadeln, Kröten- und Skorpionsfischen, Geistermuränen, Seespinnen, farbenprächtigen Nacktschnecken und Harlekin-Geisterpfeifenfischen, vor allem oben auf dem Riff und am Rand. Obwohl das Riff etwa 15 m abfällt, halten sich die meisten Tiere im Flachwasser auf. Dies ist auch ein ausgezeichnetes Nachttauchgebiet, wo sich Riffsepien, Feuerfische, Garnelen, Schnecken und Krabben zeigen und Einblick in die Lebenszyklen geben. Häufig sieht man Muränen und Kraken zum Fressen aus ihren Löchern kommen. Die große Vielfalt der wirbellosen Tiere in diesem Gebiet verspricht dem UW-Fotografen Möglichkeiten ohne Ende.

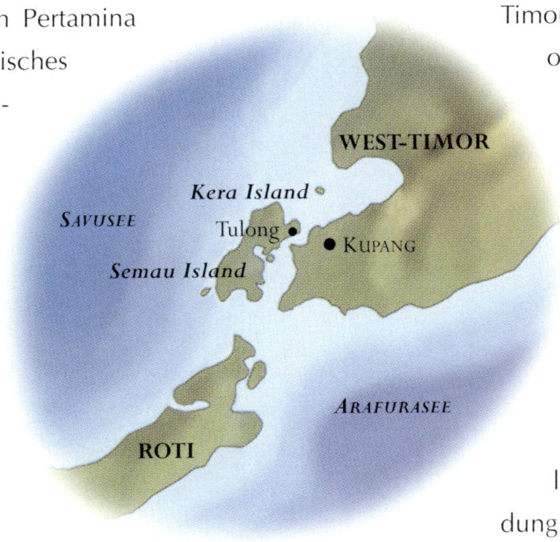


### Semau

Die Insel Semau liegt direkt vor der Küste West-Timors und kann an ihrer Nordostküste einige gute Tauchgebiete vorweisen. Unmittelbar südöstlich der Nordspitze der Insel befindet sich eine Korallenwand mit mehreren Grotten, die bis zu 6 m tiefe Kammern haben. Die Sicht ist hier zwar nie besonders gut, die Grotten lohnen jedoch eine Erkundung. Das Riffdach liegt dicht beim Ufer in nur 2 bis 5 m Tiefe und fällt dann rasch auf 20 bis 40 m ab. Die flacheren Bereiche zieren weiße Weichkorallen, Gorgonien und purpurne Schwämme, in größerer Tiefe findet man Schwarze Korallen.

Zwischen den Grotten herrscht ein ständiges Hin und Her von Zackenbarschen, Süßlippen, Schnappern, Husarenfischen und Stechrochen. Der intensive Fischfang ist spürbar: Die Fische scheuen vor den Tauchern zurück, auch wenn wir bei unserer Expedition sechs Büffelkopf-Papageifische auf dem Riffdach grasen sahen und einen schlafenden Napoleon in einer Grotte fanden.

Südlich der Grottenwand läuft das Riff in einer Spitze bei Tanjung Kataba aus. Dort liegt eine herrliche Wiese mit *Montipora-*, *Acropora-* und *Galaxea*-Korallen. Rotzahn-Drückerfische bevölkern zu tausenden den Riffabhang. Im tieferen Wasser kann man noch so eben Fuchshaie erkennen.

Auf der Insel gibt es einen Tauchveranstalter, am besten kommt man jedoch mit einem Kreuzfahrtschiff von Maumere, einem beliebten indonesischen Tauchziel auf Flores, nordwestlich von Timor.

*Links unten: Langnasen-Büschelbarsch* (Oxycirrhites typus).
*Unten: Fangschreckenkrebs* (Odontodactylus scyllarus).
*Rechts: Eine Gorgonie in der Strömung, dazu Fahnenbarsche, Lippfische und Haarsterne auf Schwämmen. Gewaltige nährstoffreiche Wassermassen strömen vom Indischen Ozean nach Indonesien und bringen vielfältiges Leben in die Riffe.*

# AUSTRALIEN

Ann Storrie und Rebecca Saunders

KOKOS-INSELN • WEIHNACHTSINSEL • SCOTT REEF BIS HMAS *SWAN* • NEPTUN-INSELN

Fast ein Drittel der 20.000 km langen Küste Australiens entfällt auf den Bundesstaat Westaustralien, der größtenteils an den Indischen Ozean grenzt. Er reicht von den tropischen Korallenriffen vor der Küste von Kimberley bis zu den gemäßigten Granit- und Kalksteinhabitaten im Südwesten. Draußen im Nordwesten liegt die Weihnachtsinsel, noch weiter entfernt die Kokos-Inseln. Als der westaustralische Kontinentalsockel sich vor etwa 10 Millionen Jahren senkte, hinterließ er eine Kette perfekter Meeresatolle, die sich über hunderte von Kilometern an der Nordwestküste erstrecken. Diese Atolle, darunter Rowley Shoals, Scott und Seringapatam Reef, bieten ursprüngliches, tropisches Rifftauchen, wie man es selten findet. Dieses Gebiet ist erst in den letzten zehn bis 15 Jahren erschlossen worden, sodass es noch viel zu entdecken gibt.

Weiter südlich mischen sich tropische und gemäßigte Gewässer. In der Exmouth und Coral Bay herrscht am Ningaloo Reef, dem längsten Saumriff der Welt, ein vielfältiges Meeresleben. Hier kommen jedes Jahr nach dem Korallenlaich Walhaie zusammen und schwelgen im Plankton. Das Riff und seine Umgebung ist die Heimat unzähliger Rifffische, von Meeresschildkröten, Dugongs und niederen Tieren.

Diese Region hat den malerischen Nationalpark Cape Range vorzuweisen, aber auch schöne, sichere Buchten für Schnorchler. Das Tauchen in größeren Tiefen am äußeren Riff beschert Begegnungen mit Haien, Mantas und anderen großen Fischen.

Der Südwesten Westaustraliens hat eine herrliche gemäßigte Meeresumwelt. An den Kalkstein- und Granitpfeilern, in Höhlen, an Graten und Überhängen wimmelt es von niederen Tieren, deren Farbenpracht sich mit der der tropischen Korallenriffe messen kann. Direkt vor den Toren von Perth gibt es Unterwasserparks, die das Leben im Meer schützen sollen, den Menschen aber auch erlauben, sich dort zu betätigen, also zu angeln und Panzerkrebse zu sammeln. Einige der besten Tauchgebiete liegen nur einen Steinwurf von den Badestränden von Perth und der Insel Rottnest entfernt, bis zu der es von der Küste nur 11 km sind. Auch Wracks hat die Küste Westaustraliens zu bieten. Man kann Schiffe aus dem 17. Jahrhundert erkunden, und das vorsätzlich versenkte australische Kriegsschiff HMAS *Swan* ist heute eine der Tauchattraktionen im Südwesten.

Tauchen ist in Australien inzwischen eine äußerst erfolgreiche Branche. Fast überall an der Küste kann man Tauchgänge buchen. Bei abgelegeneren Gebieten wie Rowley Shoals und Scott Reef bedarf es natürlich einiger Vorbereitungen und Planungen. Wer den Nervenkitzel liebt, kann zum Käfigtauchen unter Weißhaien vor den Neptun-Inseln in Südaustralien.

*Links: Blick über das Ningaloo Reef mit Point Billie auf der Halbinsel Exmouth.*
*Rechts oben: Boote liegen in der Gordie Bay auf Rottnest Island; im Vordergrund Fays Bay.*

**Klima**
Der Norden ist tropisch, der tiefe Süden gemäßigt. Die Landtemperaturen im Norden bis hinunter zum Ningaloo Reef schwanken im Sommer zwischen 26 und 30 °C und erreichen bei Coral Bay 38 °C. Auf den Neptun-Inseln sind es durchschnittlich 20 °C.

**Beste Zeit**
**Kokos-** und **Weihnachtsinsel:** ganzjährig. **Scott Reef, Seringapatam, Rowley Shoals:** August/September. **Ningaloo Reef:** April–November. **Coral Bay:** April–Oktober. **Rottnest Island:** Oktober–Juni. **HMAS *Swan*:** Februar–Mai. **Neptun-Inseln:** Januar–April.

**Anreise**
**Kokos-** und **Weihnachtsinsel:** Internationale Flüge nach Perth und Jakarta, Anschlussflüge zu den Inseln. **Westaustralien:** Flüge nach Perth. **Neptun-Inseln:** Flüge nach Adelaide.

**Wassertemperatur**
**Kokos-, Weihnachtsinsel, Scott Reef, Seringapatam:** Durchschnitt 28 °C. **Rowley Shoals, Ningaloo, Coral Bay:** 25 °C. **Rottnest Island, HMAS *Swan*:** 20 °C. **Neptun-Inseln:** 16 °C.

**Sicht**
Im Schnitt über 20 m.

**Meeresleben**
Gut, einige ursprüngliche Korallenriffe. Die Taucher kommen wegen der Wal- und Weißhaie.

**Tauchtiefen**
Bei der Weihnachtsinsel und Seringapatam tief.

**Schnorcheln**
Kokos-Inseln, Rowley Shoals, Ningaloo, Coral Bay.

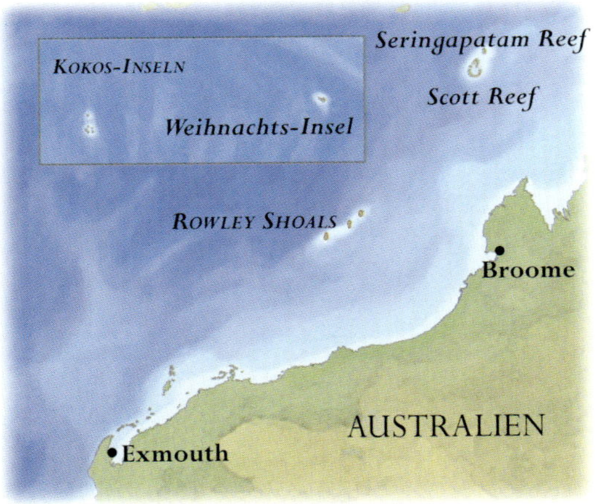

## Kokos-Inseln

Die Kokos-Inseln liegen etwa 2.760 km nordwestlich von Perth und 1.000 km südwestlich von Java. Sie bestehen aus zwei Atollen, die seit 1955 zu Australien gehören. Das südliche Atoll (Kokos-Insel) sind 25 kleine Sandbänke, die eine 15 km lange Lagune umschließen. Eine andere große Insel, North Keeling, liegt 24 km nördlich. Sie ist unbewohnt und ein bedeutendes Vogel- und Naturschutzgebiet.

Diese Inseln sind echte Korallenatolle. Das südliche Atoll lieferte Charles Darwin 1836 bei seinem Besuch dort Material für seine Theorie zur Bildung der Korallenriffe. Er meinte, die Korallen seien auch noch lange, nachdem die sie tragenden Tafelberge abgesunken waren, weiter gewachsen. Unter der dünnen Schicht lebender Korallen der Kokos-Insel liegen 500 bis 1.000 m verfestigter Kalkstein.

Die Kokos-Insel ist bekannt für ihre großen pelagischen Fische, die Riffhaie, Mantas, Napoleon-Lippfische, Meeresschildkröten und den abwechslungsreichen Korallenbewuchs des Atolls. Die Tauchgebiete sind so verschieden, dass man es kaum für möglich hält, dass sie nur ein oder zwei Kilometer voneinander entfernt sind. Die Tablelands liegen an der Nordostecke der Direction Island, wo aus 25 m Tiefe bis unter die Wasseroberfläche riesige Geweihkorallen wachsen. Am Cabbage Patch nur wenige Kilometer westlich ist keine einzige Geweihkoralle zu sehen. Dort bilden tausende von *Turbinaria*-Korallen einen riesigen »Gemüsegarten«, in dem sich farbenprächtige Fahnenbarsche und Königsmakrelen tummeln. Am Garden of Eden zieren leuchtend orange und rote Hornkorallen einen kleinen Dropoff, und tausende von Rifffischen huschen zwischen den verschiedenen Steinkorallen oben an der Wand umher.

Bei der Kokos-Gruppe sind auch einige ganz

*Oben: Prison Island in der Kokos-Gruppe.*
*Unten (v.l.n.r.): Eine bunte Bullocks Prachtnacktschnecke* (Hypselodoris bullocki); *eine große Blaue Krabbe* (Cardisoma carnifex); *ein Riffstück bei Horsburgh Island.*

leichte Tauch- und Schnorchelgänge möglich. Der Kohlenschlepper bei der Horsburgh Island liegt nur 2 m tief bei meistens sehr klarem und ruhigem Wasser. Der Schlepper ist mit Wirbellosen bedeckt, und auf den Aufbauten wachsen zahlreiche *Pocillopora*- und Geweihkorallen. Weißkehl-Doktorfische und Kaiserfische gehören zu den ständigen Bewohnern, und beim Wrack findet man immer große Sandbarschschwärme. Der Rip ist ein Kanal zwischen Direction und Home Island und bietet schnelles Strömungstauchen. Hier verstecken sich hunderte von Rifffischen unter Bändern, und auf dem Sand liegen fast immer ansässige Weißspitzen-Riffhaie.

Das Tauchen bei den Kokos-Inseln ist im Allgemeinen sehr angenehm und leicht. Das Klima ist tropisch, die Landtemperaturen liegen ganzjährig zwischen 23 und 29 °C. Die Wassertemperatur liegt bei durchschnittlich 27 °C, die Sicht bei 20 m – letztere kann von Dezember bis Februar auch bis 30 m reichen. April bis Juni sind die feuchtesten Monate, September bis November die trockensten. Dezember bis April ist die Zeit der Wirbelstürme, die jedoch kaum einmal bis zu den Kokos-Inseln kommen. Man kann also ganzjährig bei den Inseln tauchen. Nur wenn sommerliche Wirbelstürme vorbeiziehen, können ein paar Tage Tauchpause sein. Mit dem Flugzeug kommt man von Perth und der Weihnachtsinsel zu den Kokos-Inseln.

*Oben: The Rip bei Direction Island.*
*Unten (v.l.n.r.): Ein Ohrfleck-Röhrenaal* (Heteroconger hassi); *Begegnung zwischen Schnorchler und Weißspitzen-Riffhai* (Triaenodon obesus).

## Weihnachtsinsel

Die Weihnachtsinsel ist eines der abgelegensten und unbekanntesten Inselgebiete Australiens. Das kleine Vulkanatoll liegt 2.600 km nordwestlich von Perth und 360 km südlich von Jakarta. In seinen Regenwäldern wurde im vorletzten Jahrhundert Phosphat abgebaut. Inzwischen hat die wissenschaftliche Bedeutung des einzigartigen Ökosystems der Insel jedoch Vorrang, und Phosphat wird nur noch an bereits bestehenden Halden abgebaut. 63 Prozent sowohl der 135 $km^2$ Landfläche wie auch der 73 km Küste sind heute Nationalpark.

Besonders bekannt ist die Weihnachtsinsel wegen ihrer überwältigenden Vogelwelt, der jährlichen Krabbenwanderung (wenn mehr als 130 Millionen Rote Krabben zum Laichen aus dem tropischen Regenwald ins Meer wandern) und des Steilwandtauchens. Die Landschaft ist über wie unter Wasser atemberaubend. Der vulkanische Ursprung und vor Jahrmillionen erfolgte Erhebungen haben zerklüftete Inselterrassen, ein zentrales Plateau und Kalksteinklippen entstehen lassen, die 10 bis 20 m ins Meer fallen. Die Klippen werden gelegentlich von kleinen Sand- und Kiesstränden unterbrochen. Vor der Küste verläuft ein schmales Riff, und Steinbecken bilden auf Seehöhe Terrassen. Die Dropoffs bieten zahlreiche Unterhöhlungen, Grotten und Spalten.

Die Weihnachtsinsel ist ein alter Vulkan, der 4.300 m vom Meeresboden aufragt; die Insel bietet folglich überwiegend Wandtauchen. Selbst bei der Siedlung in Flying Fish Cove – wo ein kleiner Strand, eine Mole und Kranbrücke der Phosphatverladung dienen – kann man herrlich tauchen. Nicht einmal 100 m vor dem Ufer stürzt die Wand 360 m tief ins Meer. Für weniger wagemutige Taucher gibt es auch sanftere Hänge.

Wie bei jedem abgelegenen Atoll haben sich viele marine Arten durchgesetzt, während andere sich noch nicht angesiedelt haben. Bei den Fischen wird das Fehlen von Juwelen-Zackenbarschen, Dreistreifen-Riffbarschen und Spinnenfischen wettgemacht durch eine Fülle anderer Zackenbarsche, Lippfische, Riffbarsche, Grundeln, Falter-, Doktor-, Schleim- und Kardinalfische. Viele dieser Arten sind gegenüber anderen Gebieten im Indopazifik überdurchschnittlich stark vertreten.

Skorpions- und Steinfische haben ihre Nische im Flachwasser von Flying Fish Cove gefunden. Ein bevorzugtes Gebiet besonders großer Steinfische sind die Ausleger und die Kranbrücke, wo die Phosphatschiffe beladen werden. An der Mole und Bootsrampe neben dem besten Badestrand der Insel sind einige farbenprächtige Skorpionsfischarten versammelt. Auch Aale sind dort sehr häufig. Zu sehen sind außerdem Riesen-, Weißmaul-, Flecken- und Geistermuränen, Röhrenaale und sogar prächtige Drachenmuränen.

*Oben: Flying Fish Cove bei Einbruch der Dunkelheit. Unten (v.l.n.r.): Panthermuräne (*Enchelycore pardalis*); ein Helm-Knurrhahn (*Dactyloptena sp.*) und eine Rote Krabbe (*Gecarcoida natalis*).*

Die senkrechten Wände sind mit riesigen Hornkorallen und bunten Weichkorallen bewachsen. Einige der Steilabfälle weisen auch große Mengen Schwarzer Korallen auf.

Der Zugang zu einigen Tauchgebieten hängt vom Wetter ab. Das Klima ist tropisch. Im Sommer können die Nordwestwinde das Tauchen von Flying Fish Cove aus verhindern, an der Ostküste kann man zu dieser Zeit jedoch normalerweise tauchen. Die Wassertemperatur liegt im Schnitt bei 28 °C, die Sicht an den Wänden bei 30 bis 50 m. Wenn im Sommer ein Wirbelsturm nah an der Insel vorüberzieht, kann das die Sicht verschlechtern und ein oder zwei Tauchtage kosten.

Von Perth und Jakarta gibt es regelmäßige Flüge zur Weihnachtsinsel. Flying Fish Cove ist in neun von zwölf Monaten der perfekte Stützpunkt. Ansonsten kann man auf der anderen Seite der Insel bleiben. Ein Besuch des Regenwaldes lohnt immer. Rote Krabben, Blaue Schwimmkrabben und riesige Palmendiebe sind immer zu sehen. Interessante Gebiete auf der Weihnachtsinsel sind auch Blowholes, Greta Beach, Hugh's Waterfall und The Dales.

*Oben: Der gut getarnte Stachelsteinfisch* (Inimicus didactylus) *ist hochgiftig.*

*Rechts: Riffstück mit der ganzen Vielfalt der Korallen in einem strömungsintensiven Gebiet.*

## Scott Reef und Seringapatam-Atoll

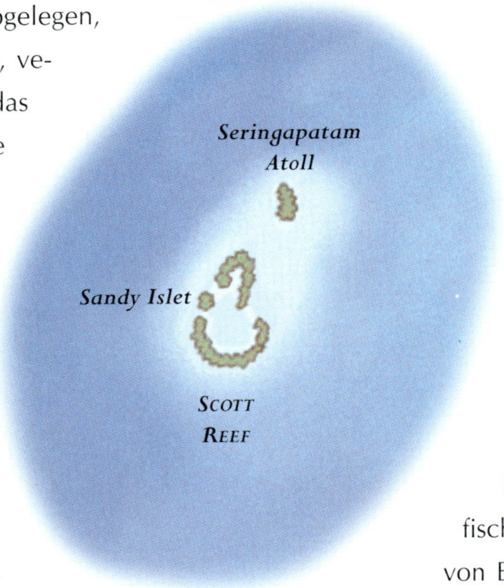


Scott Reef und Seringapatam-Atoll liegen etwa 400 km nordwestlich von Broome in Westaustralien. Sie sind sehr abgelegen, und eine etwa 200 m lange, vegetationslose Sandbank ist das einzige permanent trockene Stück Land. Selbst die Riffe liegen bei Flut unter Wasser. Scott Reef besteht aus dem halbmondförmigen South Reef und dem großen birnenförmigen North Reef. Der Korallensaum von North Reef ist an zwei Stellen unterbrochen und erlaubt den Zugang zu einer 15 km breiten Lagune. Die Sandbank Sandy Islet liegt nordöstlich von West Hook, der Westspitze von South Reef. Seringapatam ist ein sehr kleines Atoll etwa 50 km nordöstlich von Scott Reef. Diese Riffe bieten einige der ursprünglichsten, abwechslungsreichsten und aufregendsten Tauchgebiete des tropischen Australien. An der Südseite von South Reef und der Nordseite von Seringapatam gibt es senkrechte Wände, die von riesigen Gorgonien, *Alcyonaria*-Korallen, langen Wedeln Schwarzer Korallen, leuchtend roten Peitschenkorallen, großen Schwämmen, Steinkorallenüberhängen und tausenden inkrustierter Wirbelloser geschmückt werden. Es wimmelt von kleinen Rifffischen, und auch große Schwärme von Büffelkopf-Papageifischen, Napoleon-Lippfische, Doktorfische, Riffhaie und Mantas sind hier recht häufig anzutreffen.

Ein häufiger Bewohner dieser Riffe sind Seeschlangen. Bei Rowley Shoals, 400 km südwestlich von Scott Reef, kommen sie seltsamerweise nicht vor, aber Scott Reef, Seringapatam und

Ashmore Reef (weiter nördlich) haben die größte Seeschlangenpopulation der Welt.

Man kann beim Tauchen bis zu 20 Seeschlangen begegnen. Schöne, neugierige und zuweilen sehr zutrauliche Arten folgen dem Taucher manchmal überallhin. Wenn man die Schlangen nicht reizt, werden sie selten zum Problem.

Strömungstauchen in der Lagune des North Reef ist ein spannendes Erlebnis. Je nach Tageszeit kann man gemächlich durch den Kanal gleiten, eine wilde Achterbahnfahrt um mächtige Korallenstöcke herum oder an den Kanten des Riffs vorbei erleben. Beim Strömungstauchen aus der Lagune heraus findet man sich manchmal vor einer Reihe Riffhaie wieder, die darauf warten, dass ihre Leckerbissen aus dem Kanal auftauchen. Aber Vorsicht, Sie selbst gehören auch dazu!

Das Tauchen bei diesen abgelegenen Atollen ist nichts für den ängstlichen oder unerfahrenen Taucher. Es gibt außer dem Kreuzfahrtschiff keinerlei Einrichtungen, und man ist mehrere Tage von der nächsten Stadt entfernt. Beim Tauchen kann es tief hinunter gehen. Die Wand bei Seringapatam beginnt bei 25 m, nachdem man über einen herrlichen weißen Sandhang mit kleinen Korallenstöcken abgetaucht ist. Die Wände fallen auf 70 m und mehr ab. Dem Beherzten bieten sich hier einige ungemein aufregende und weitgehend unerforschte Tauchgebiete.

Gezeiten und kabbelige See sind normalerweise kein Problem, sofern man nicht zur Spitzenzeit im Kanal taucht. In der Saison, etwa von Juni bis Oktober, beträgt die Sicht meistens über 30 m, die Wassertemperatur etwa 27 °C. Im flacheren Wasser sind Korallen vereinzelt ausgebleicht.

Man kann von Mai bis November tauchen, die beste Zeit ist jedoch im August und September. Man kann von Perth nach Broome fliegen, von wo es noch einmal etwa zwölf Stunden mit dem Boot zu den Atollen sind. Der Aufenthalt bei diesen Riffen beschränkt sich auf das Kreuzfahrtschiff.

*Oben: Sonnenuntergang über der Lagune von Scott Reef.*
*Links: Taucher in 25 m am Seringapatam Reef.*
*Oben (v.l.n.r.): Gebänderte Seeschlange* (Laticauda colubrina) *– Seeschlangen sind eine Besonderheit von Seringapatam; Mosambik-Drachenkopf* (Parascorpaena mossambica).
*Rechts: Gorgonien* (Subergorgia mollis).

## Rowley Shoals

Rowley Shoals ist 280 km vom Festland entfernt und ein fast perfektes Beispiel für ein Schelfatoll. Es entstand vor über 10 Millionen Jahren, als der westliche Kontinentalsockel absank. Als das Land untertauchte, wuchsen die Korallen nach oben und ließen im Abstand von 30 bis 40 km drei ovale Atolle entstehen.

Jedes Atoll besteht aus einem Riffring, der eine große Lagune umschließt. Die Riffe steigen vom etwa 400 m tiefen Meeresboden auf, an der Westseite fallen sie extrem steil ab. Das nördlichste Atoll, Mermaid Reef, ist 16 km lang, 7 km breit und hat in der Lagune eine kleine Sandbank, die bei Ebbe auftaucht. An der Nordostecke durchbricht ein breiter Kanal den Atollrand und ermöglicht Booten die Zufahrt in die geschützte Lagune.

Clerk Reef 30 km weiter südlich ist ähnlich, hat jedoch eine ständig aus dem Wasser ragende Sandbank. Imperieuse Reef ist das südlichste Atoll mit einer ebenfalls permanenten Sandbank, auf der eine Wetterstation steht. Den Kanal können allerdings nur kleine Boote passieren.

Als 1982 und 1983 bei Rowley Shoals erstmals das Meeresleben erfasst wurde, konnte das Western Australian Museum über 340 neue Arten registrieren. Eine besonders eindrucksvolle Art bei den Rowleys ist der mächtige Kartoffel-Zackenbarsch. Diese furchtlosen, neugierigen Riesen nähern sich den Tauchern häufig und

»beschnuppern« sogar eine ausgestreckte Hand oder Flosse.

Sie und viele andere Arten wie Napoleon-Lippfische und Büffelkopf-Papageifische wären gefährdet gewesen, hätte man das Fischen und Sammeln bei Rowley Shoals nicht eingeschränkt. Es folgte die Anerkennung des größten Teils als Nationalpark. Das und die abgelegene Lage (die Atolle sind nur mit dem Schiff von Broome zu erreichen) sowie das unfreundliche Wetter zur Zeit der sommerlichen Wirbelstürme (November bis April) haben Rowley Shoals vor der Erschließung bewahrt und den ursprünglichen Zustand erhalten.

Riesige Muscheln, Teufelsklauen-Schnecken, Kauris, bunte Seeanemonen und die dazugehörigen Anemonenfische, Riffbarsche und herrlich purpurne Königsmakrelen drängeln sich zwischen üppigen Korallen im nicht einmal 5 m tiefen Wasser oben auf dem Riff. Die Korallenstöcke in den seichten Lagunen stecken so voller Leben, dass ein Taucher sich stundenlang beschäftigen kann, und die Steilwände außen am Riff sind einfach atemberaubend. Jeder Quadratzentimeter der Korallenbauten ist von Stein-, Weich-, Hornkorallen, Seeanemonen, Seescheiden, Hydrozoen und Schwämmen bedeckt. Hier gibt es Rifffische fast aller Familien, und Stachelmakrelen, Meerbrassen, Schnapper, Tunfische, Makrelen und Bonitos sind oft in ganzen Schwärmen zu sehen. Auch Riffhaie und Mantas sind häufig.

*Oben: Riffstück mit prächtiger Gorgonie.*

*Links unten: Ein Taucher bewundert rosa Peitschenkorallen durch einen Schwarm kleiner Rifffische am Mermaid Reef.*

*Unten: Gewimmel von Fischen am Mermaid Reef.*

Das Strömungstauchen in den Kanälen von Mermaid und Clerk Reef ist ein berauschendes Erlebnis. Man wird an Korallenstöcken und reglos in der Strömung stehenden Fischschwärmen vorbeigespült. Achten Sie auf ahnungslose Meeresschildkröten oder Riffhaie, wenn Sie um eine Ecke schießen, und beobachten Sie die an der Oberfläche filtrierenden Mantas.

Im Winter und zu Beginn des Frühjahrs sind 40 m Sicht und mehr normal, wenngleich das Wasser für die Tropen etwas kühl sein kann. 29 bis 30 °C kommen vor, aber 25 bis 26 °C sind keine Seltenheit. Im August und September, bei wenig Wind und angenehmen 30 °C an Land, kann man nach einem Tag Tauchen wunderbar auf einem Boot in der Lagune von Mermaid entspannen und dem Sonnenuntergang zusehen. Rowley Shoals ist noch eines der relativ unberührten Tauchgebiete dieser Erde.

*Oben (v.l.n.r.): Ein Schaukelfisch* (Taenianotus triacanthus); *ein Schlangenstern kriecht über eine Gorgonie. Unten: Ein großer Kartoffel-Zackenbarsch* (Epinephelus tukula) *nähert sich furchtlos einem Taucher.*

## Ningaloo Reef

Das Ningaloo Reef ist eines der bedeutendsten Riffgebiete Australiens. Es erstreckt sich vom Nordwestkap bei Exmouth über 260 km bis nach Amherst Point (südlich der Coral Bay). Das Riff ist zwischen 200 m und 7 km von der Küste entfernt. Es ist das längste Saumriff der Welt und bietet mit seinen vielen schönen Lagunen herrliches Schnorcheln und Tauchen im Flachwasser.

Besonders berühmt ist Ningaloo für die regelmäßig auftauchenden Walhaie. Hier kann man diese prächtigen Tiere mit Sicherheit beobachten. Der Walhai ist der größte Kaltblüter der Erde und der größte Fisch. Er kann über 12 m lang werden, das Maul einen Meter breit. Trotzdem ist er ein harmloser Planktonfresser.

Die Haie kommen im März nach Ningaloo und bleiben meistens bis Juni. Das fällt mit dem jährlichen Laichen der Korallen zusammen, wenn das Meer sich in eine »Planktonbrühe« verwandelt. Trotz des Planktons beträgt die Sicht oft noch 20 bis 30 m. Charterboote lassen sich von Suchflugzeugen zu den Walhaien lotsen, von denen man sieben oder acht am Tag sehen kann.

Das Gebiet wurde 1987 zum Nationalpark erklärt. Beim Schwimmen unter Walhaien darf weder eine Sporttauchausrüstung noch ein Blitzgerät benutzt werden, die aber beide auch nicht notwendig sind, da die Haie beim Fressen dicht unter der Oberfläche schwimmen und ein Schnorchler ihnen gut folgen kann. Gemeinsam mit einem Walhai zu schwimmen ist ein grandioses Erlebnis. Er hat das Riesenmaul beim Fressen weit geöffnet. Neben dem Kopf schwimmen normalerweise kleine Lotsenfische und junge Goldstreifen-Makrelen, und an der Bauchseite haften oft Schiffshalter. Manchmal halten sich andere große Fische wie die haiähnlichen Kobias in der Nähe auf.

Ningaloo hat natürlich mehr als nur Walhaie zu bieten. Das Riff beherbergt mehr als 500 Fischarten, 250 Korallenarten und etwa 600 Weichtierarten. Suppenschildkröten, Echte und Unechte Karettschildkröten gibt es reichlich, und vor allem Erstere haben an der Küste ausgedehnte Nistplätze. Auch Mantas sind gut vertreten, die man manchmal in Schwärmen beim Planktonfressen sieht.

Von August bis Oktober, wenn Buckelwale die Küste hinunterwandern, werden Beobachtungstouren organisiert. Die Wale bringen ihre Jungen in den tropischen Gewässern zur Welt und schwimmen im Sommer dicht an der Küste in südlichere Regionen zurück. Oft sind Delfinschwärme zu sehen, und auf den seichten Seegraswiesen an der Küste grasen Dugongs. Das gesamte Außenriff von Ningaloo bietet spannendes Tauchen zwischen Riesenschwärmen von Kardinalfischen und Glasbarschen, die das Riff im Hintergrund verdecken. Auf den Riffbändern sieht man große, schwarze Stechrochen, Ammenhaie, Kartoffel-Zackenbarsche und eine Unzahl kleiner Rifffische inmitten farbenprächtiger Wirbelloser.

*Oben: Ningaloo Reef bei der Halbinsel Exmouth.*
*Links: Zwei Nacktschnecken* (Chromodoris magnifica) *schwimmen über einen gut getarnten Steinfisch hinweg.*

Auch auf den Riffdächern und in den Lagunen lohnt das Tauchen. Unter Umständen ist man von tausenden durchsichtiger, pulsierender Untertassenquallen umgeben oder befindet sich an einem Riff voller Seeanemonen, zwischen denen es von Clarks Anemonenfischen oder den schönen Australischen Anemonenfischen wimmelt.

Die Turquoise Bay ist einer der schönsten und beliebtesten Bade- und Schnorchelstrände. Eine sanfte Strömung ganz dicht am Ufer trägt den Schnorchler über den klaren Sandboden, der mit Steinkorallen, Seeanemonen und Schwämmen gesprenkelt ist. Dreifleck-Preußenfische und andere Riffbarsche sind hier regelmäßig zu entdecken, ebenso wie Aale, Kraken und Skorpionsfische.

Anzumerken ist, dass die Sicht am Ningaloo Reef oft nicht mehr als 20 m beträgt, zuweilen sogar nur 2 oder 3 m. Die Wassertemperatur schwankt zwischen 22 und 29 °C. Trotzdem ist Ningaloo Reef, was das Tauchen und die bloße Zahl der Meeresarten angeht, kaum zu schlagen.

Die besten Bedingungen herrschen zwischen April und November. Von April bis Juni ist die beste Zeit zum Tauchen mit Walhaien.

*Oben: Klein erscheint die Schnorchlerin im Meerespark Ningaloo neben dem Walhai* (Rhincodon typus). *Unten: Mehrere Stachelmakrelen* (Carangoides sp.) *greifen einen Schwarm Kleinfische an.*

## Coral Bay

Coral Bay liegt etwa 160 km südlich von Exmouth am Nordwestkap Westaustraliens. Es gehört zum Ningaloo Nationalpark, der über 260 km von der Spitze des Kaps bis südlich der Coral Bay reicht.

Die kleine Siedlung von Coral Bay besteht aus einem bescheidenen Einkaufszentrum mit Platz für Wohnwagen und einem Hotel. Alles liegt nicht einmal eine Minute von der sicheren, ruhigen Bucht entfernt, die voller Geweihkorallen und großer Porenkorallen ist. Die Korallen beginnen fast am Ufer, wo Kinder schnorcheln und eine Wunderwelt kleiner Fische beobachten können, die zwischen den Korallen umherhuschen.

Für den ambitionierten Makrofotografen empfiehlt sich selbst in diesen flachen Gewässern eine Tauchflasche. Keine 100 m vom Badestrand entfernt ragt ein mächtiger Porenkorallenstock aus 5 m bis an die Oberfläche (Ayers Rock). Nicht sehr tief, aber dafür doch ein ordentlicher Brocken. Hier versammeln sich Feldwebelfische, Blaue Riffbarsche, Schwarzgepunktete Süßlippen, Wimpel-, Papagei- und Lippfische sowie Molukken-Demoisellen in großen Schwärmen. Unter den Felsen verbergen sich oft Teppichhaie, und auf dem flachen Korallendach sind Dutzende wunderschöner Gepunkteter Schleimfische zu Hause.

Weiter draußen in der riesigen Lagune, dichter am Rand beim Außenriff, ist das Meeresleben noch vielfältiger. Dort begegnet man Nacktschnecken, Kauris, Kraken, Langusten,

*Oben: Sonnenaufgang über der Coral Bay.*
*Unten: Eine Dugong-Mutter* (Dugong dugong) *mit ihrem Jungen.*

bunten Röhren- und Plattwürmern, Aalen, Anemonenfischen sowie hunderten anderer kleiner Rifffische. Riesen-Zackenbarsche bewohnen einige der Korallenstöcke nahe der South Passage – einer Lücke im Riff südlich der Coral Bay-Siedlung. Dort sieht man oft große Schwärme von Büffelbrassen, Gitter-Doktorfische, Papageifische, Stachelmakrelen und sogar Barrakudas, und Weich- und Hornkorallen säumen die Steinkorallenwände der Passage.

Im Gebiet von Ningaloo Reef und im Exmouth Gulf leben zwar etwa 2.000 Tiere, doch sie sind sehr scheu. Wer Dugongs sehen möchte, sollte sich seine Schnorchelausrüstung packen und mit einem kleinen Boot von Bruboodjoo Point direkt nördlich der Coral Bay-Siedlung hinausfahren. Bruboodjoo Point ist ein Dugong-Schutzgebiet, wo die Tiere im flachen Wasser der Lagune die Seegraswiesen abweiden. Wenn Sie vom Boot aus ein Dugong entdecken, gleiten Sie langsam ins Wasser und schnorcheln Sie hin. Es wird meistens von einem Schwarm junger Schwarzgoldener Pilotmakrelen umgeben sein – schöne, kleine, leuchtend gelbe Fische mit schwarzen Streifen und dunklen Schwanzspitzen – ganz anders als die grauen erwachsenen Tiere. An der Bauchseite der Dugongs haften meistens ein, zwei Schiffshalter.

Der Sommer ist in der Coral Bay sehr trocken und heiß. In der Gegend regnet es kaum, und man kann das ganze Jahr tauchen; die beste Zeit ist trotzdem von April bis Oktober.

*Oben: Vorsichtig spähen kleine Fische aus ihrer Riffdeckung in 20 m Tiefe hervor.*
*Links unten: Ein hervorragend getarnter Fransen-Wobbegong* (Eucrossorhinus dasypogon).
*Unten: Fahnenbarsche und andere tropische Fische über Korallen im Flachwasser der Coral Bay.*

## Rottnest Island

Als der holländische Seefahrer Willem de Vlamingh 1696 eine kleine Insel 18 km vor der Küste von Fremantle in Westaustralien betrat, notierte er in sein Logbuch: »Die Natur hat hier anscheinend an nichts gespart, um dieses Eiland ergötzlicher als alle Inseln zu machen, die ich je gesehen habe.« Der Kapitän taufte die Insel »Rat's Nest«, nach den kleinen rattenartigen Beuteltieren, die sich zwischen den Sträuchern herumtrieben. Heute heißt die Insel Rottnest, und die »Ratten« heißen Wallabys.

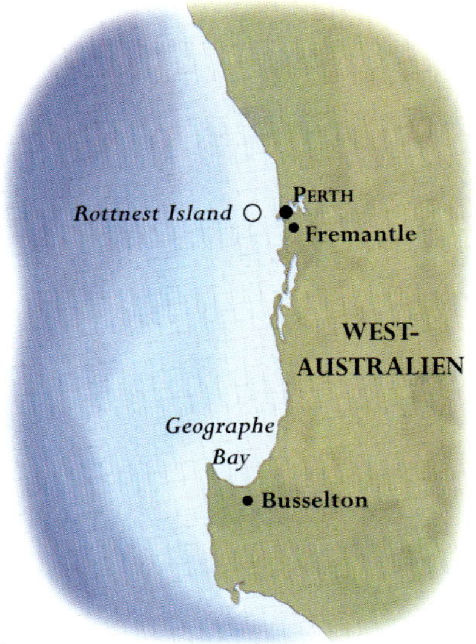


Wallabys (*Setonix brachyurus*) gibt es auf Rottnest immer noch reichlich, und auch die Landschaft ist so schön, wie de Vlamingh sie vor 300 Jahren beschrieben hat. Obwohl die Insel nur 10 km lang und maximal 4 km breit ist, ist Rottnest ein Paradies für die Tier- und Pflanzenwelt Australiens. Dieses Schutzgebiet gilt auch als eine der touristischen Topadressen von Perth und ist darüber hinaus das bedeutendste Naherholungsgebiet der Städter.

Farbenprächtiges, pulsierendes Meeresleben herrscht in den Kalksteinriffen, wo es Grotten, Spalten und Pfeiler zu erkunden gibt. Das Gebiet ist insofern einzigartig, als es viele tropische Rifffisch- und Korallenarten beherbergt, die normalerweise so weit südlich nicht vorkommen. Grund dafür ist der warme Leeuwinstrom, der aus den Tropen kommt und das Wasser erwärmt. In einigen der geschützten Buchten gedeihen *Pocillopora*-Steinkorallen, und durch den Riesen-Kelp huschen tropische Korallenfische und Falterfische.

Rifffische der gemäßigten Breiten sind in großer Zahl vertreten. Westliche Königs-Lippfische, Fuchshaie, Gestreifte Drückerfische, Blaugepunktete Mirakelbarsche, Schwalbenschwänze, verschiedene Zackenbarsche, Woodward-Butterfische, Beilbauchfische, Elster- und Rotlippen-Seekarpfen, Silberflossenblattfische, Gewöhnliche Großaugenbarsche, Königindrückerfische und der Schwarzbinden-Pinzettfisch sind nur einige der Arten, denen man bei einem Tauchgang begegnet. An den tieferen Riffen rings um die Insel wachsen große Schwämme

*Oben: Ein wunderschöner Scharlachroter Seestern* (Pentagonaster dubeni) *auf Steinkorallen.*
*Links unten: King Head und Marjorie Bay auf Rottnest Island bei Perth.*
*Unten: Rottnest Island ist nach den einheimischen Wallabys* (Setonix brachyurus) *benannt, kleinen Beuteltieren, die der holländische Forscher Vlamingh als Ratten beschrieb.*

und bunte Hornkorallen, und unter den Bändern und in den Grotten und Spalten des verwitterten Kalksteins sieht man zahlreiche Langusten, Sepien, Kraken und Teppichhaie.

Unten an den Überhängen bilden tausende inkrustierter Wirbelloser bunte Teppiche. Diese Seescheiden, Schwämme, Hydrozoen und Moostierchen sind Leckerbissen für fleischfressende Wirbellose wie Nacktschnecken, Kauris, Wellkornschnecken und zahlreiche Seesterne. Schöne Schlangensterne sind häufig, zuweilen ganz oben an einem Felsen, wo sie auf die Nacht warten, um mit den gefiederten Fangarmen Plankton einzufangen.

Rottnest ist auch ein Friedhof für viele Schiffe, die hier auf ein Riff gelaufen sind. Der Dampfer *Macedon* und der Segler *Denton Holme* liefen Ende des 19. Jahrhunderts auf das Kingston Reef. Sie liegen direkt vor der Hauptsiedlung im Meer. Der Stahlrumpf der *Macedon* ist noch gut auszumachen und neben den Grotten und farbenprächtigen Bänken des Kingston Reef ein weiterer Anziehungspunkt.

Viele Wracks sind zerbrochen, einige aber noch relativ intakt, und noch immer werden Wracks entdeckt. 1997 wurde südwestlich von Rottnest ein 50 m langer Schwimmbagger gefunden. Er liegt in 22 m Tiefe auf dem Sand, der Bug ragt bis 7 m unter die Wasseroberfläche. Dank des regen Meereslebens ist das Wrack eines der aufregendsten Tauchziele der Gegend. Das Gelände ist unauffälliger, das Meeresleben erschließt sich oft erst auf den zweiten Blick.

Rottnest Island ist von Perth in 15 Minuten mit dem Flugzeug, mit dem Boot oder der Fähre in 30 Minuten zu erreichen. Die meisten Tauchgänge bewegen sich in Tiefen zwischen 10 und 20 m. Die Wassertemperatur schwankt zwischen 17 und 24 °C. Tauchen ist ganzjährig möglich, die beste Zeit jedoch von Oktober bis Juni. Die Stürme im Winter und Winde im Sommer können die Sicht allerdings auf wenige Meter verringern, aber irgendwo kann man vor der Insel meistens tauchen.

*Rechts: Ein mit farbenprächtigen Schwämmen, Seescheiden und Hornkorallen geschmückter Überhang bei Rottnest Island.*

## HMAS *Swan*

Am 13. September 1996 wurde der australische Geleitzerstörer HMAS *Swan* ausgemustert. Nach einigem Hin und Her über die weitere Verwendung wurde entschieden, das Schiff zu versenken und als künstliches Riff zu nutzen.

Zahlreiche Techniker und Umweltschützer brauchten fast ein Jahr, den Zerstörer für die Versenkung vorzubereiten. Jedes lose Stück Metall, jeder Tropfen Öl und Treibstoff, aller Kunststoff, Bleiballast und jeder Meter Elektrokabel mussten entfernt werden. In den Rumpf wurden zusätzlich Löcher geschnitten, um die Sicherheit für die Taucher zu erhöhen. Das garantierte außerdem, dass das Schiff schneller sank und aufrecht auf dem Grund landete. Es liegt jetzt in 30 m Tiefe in der schönen Geographe Bay 300 km südlich von Perth in Westaustralien.

Die HMAS *Swan* ist 113 m lang, 12,5 m breit und 23 m hoch. Das Schiff ist größtenteils zugänglich; wer in den Rumpf vordringt, sollte jedoch über Erfahrung als Wracktaucher verfügen. Waffenmagazin, Kombüse, Toiletten und Mannschaftsunterkünfte sind für den Taucher sicher äußerst interessant, aber der Tauchgang lohnt auch, wenn man nicht bis dorthin vordringt. Radarturm und Ausguck ragen bis 7 m unter die Wasseroberfläche auf, und an einem ruhigen Tag kann man das ganze Wrack in seinen Umrissen vom Tauchboot aus sehen. Die Brücke ist ohne weiteres zugänglich und wird jetzt gemeinsam von Tauchern und hunderten von Fischen genutzt, die die *Swan* zu ihrem Zuhause gemacht haben.

Als die HMAS *Swan* im Dezember 1997 geflutet wurde, gab es auf ihr keinerlei Meeresleben. Wenige Stunden danach entdeckte man drei Fischarten, die sie umrundeten. Nach zwölf Monaten wurden im und beim Schiff über 60 Arten registriert, und heute bedecken zahllose Wirbellose einschließlich Hydrozoen, Seeanemonen und Schwämmen den Rumpf. Inmitten

*Links: Blick von unten auf die HMAS* Swan *und einen Taucher, der am Radarturm und dem Krähennest vorbei aufsteigt, die bis 7 m unter die Oberfläche reichen. Der Begleitzerstörer wurde 1997 in der Geographe Bay versenkt, um ein künstliches Riff zu schaffen.*

Achten Sie dort auch auf die abgesägten Enden der Reling. Aus jedem Rohr schaut ein Gehörnter Schleimfisch. Die Begegnung mit diesen lustigen, weichtentakligen, glubschäugigen Schönheiten, die einen mit breitem, lächelndem Maul vom höchsten Punkt eines majestätischen Kriegsschiffes aus anglucksen, ist ein schöner Abschluss für einen Tauchgang.

Die Temperaturen an Land schwanken im Sommer zwischen 22 und 32 °C, im Winter zwischen 15 und 23 °C. Die Wassertemperaturen liegen zwischen 16 und 22 °C, die Sicht zwischen 5 und 30 m, je nach Wetter. Die beste Zeit, zur HMAS *Swan* zu tauchen, ist von Februar bis Mai, es gibt jedoch das ganze Jahr hindurch gute Tage, an denen sich herrliche Unterwassererlebnisse machen lassen.

von Großaugenbarschen, Beilbauchfischen, Königindrückerfischen, Schwarzbinden-Pinzettfischen und Morwongs durch dieses Labyrinth zu schwimmen ist ein grandioses Erlebnis. In großen Schwärmen huschen Gelbschwanz-Stachelmakrelen und Botla-Pompanos um das Wrack, und am Bug versammelt sich manchmal ein Riesenschwarm Kugelfische.

Auf ihrem Weg zum Südpolarmeer kommen im Frühjahr regelmäßig Buckelwale an der *Swan* vorbei. Man sieht sie oft vom Boot aus; wenn Sie im Wasser sind, regulieren Sie einen Augenblick das Atmen, damit Sie ihren Gesang hören.

Am besten hört man den Gesang der Wale, wenn man beim Dekostopp im Ausguck steht.

*Links oben: Ein Taucher über dem Krähennest des Wracks der HMAS* Swan.

*Oben: Der Hufeisen-Feilenfisch* (Meuschenia hippocrepis) *ist charakteristisch gefärbt und hat eine raue Haut.*

*Unten: Die HMAS* Swan *ist durch viele Zu- und Ausgänge tauchsicher gemacht worden; trotzdem empfiehlt sich eine Ausbildung im Wracktauchen.*

## Neptun-Inseln

Schon beim Gedanken an den Weißhai, einen der gefräßigsten Räuber der Meere, schlägt das Herz schneller. Und wenn man sich gar einem Auge in Auge gegenübersieht. Weißhaie kommen in gemäßigten Gewässern vor, einer der »Haupttreffpunkte« liegt jedoch beim kleinen Ort Port Lincoln in Südaustralien.

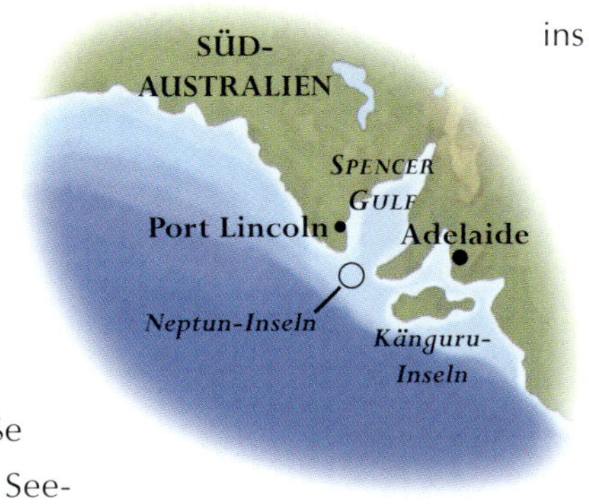


Bei Port Lincoln liegen mehrere Felsriffe, auf denen große Kolonien Bärenrobben und Seelöwen zu Hause sind, beide eine bevorzugte Beute der Weißhaie. In den letzten Jahren war Dangerous Reef östlich von Port Lincoln Ziel der Weißhaipilger, neue Schutzbestimmungen für Seelöwen haben die Veranstalter jedoch gezwungen, sich den Neptun-Inseln südöstlich von Port Lincoln zuzuwenden, wo ebenfalls gute Chancen bestehen, Weißhaie zu sehen.

Mit einem Boot ist man im Nu von Port Lincoln bei den Neptun-Inseln, wo das Ködern beginnt, sobald das Boot fest verankert ist. Ein Gemisch aus Blut, Tunfischöl und Fischabfällen wird aus einem Fass mit einer Pumpe ins Wasser gepumpt.

Sobald ein Hai erscheint, springt alles in die Käfige, die wie große Gitterkühlschränke aussehen, deren Oberkante auf einer Ebene mit dem Wasserspiegel liegt.

Beim ersten Zusammentreffen mit Weißhaien sind die Taucher immer erstaunt darüber, wie friedlich die Tiere wirken. Im Fernsehen wird dem Zuschauer suggeriert, dass Weißhaie ununterbrochen wie im Blutrausch durch die Meere jagen, dabei verhalten sie sich so nur, wenn sie mit festen Ködern gelockt werden. Blut und Öl ziehen die Haie an, doch das ist nur Neugier. Solange kein fester Köder da ist,

schwimmen sie nur hin und her, beobachten, warten und prüfen gelegentlich die Käfige, ob sie nicht der Ursprung für das Blut sind.

Das alles ist ziemlich surreal. Der Käfig schaukelt hin und her, aber man will sich nicht am Gitter festhalten aus Angst, dass einem die Finger abgebissen werden (was höchst unwahrscheinlich ist). Beim Blick durch die Fenster hat man ständig ein Ungeheuer vor sich, vor dem man immer wieder gewarnt worden ist. Mit jeder Faser meldet der Körper einem, Angst zu haben, aber aus irgendeinem unerklärlichen

Grund hat man keine. Das Adrenalin fließt reichlich.

Manchmal bleiben die Haie Stunden, dann nur wenige Minuten, und zwischen den Tauchgängen kann man nicht viel tun. Die Boote können die Fahrgäste zu den Inseln bringen, die einen Besuch wert sind. Dort wimmelt es von Robben und ihren Jungen, die gute Fotomotive abgeben.

Einige Veranstalter unterhalten ihre Gäste und lassen die Käfige hinab, damit die Taucher die Fische und großen Rochen beobachten können, die sich unten sammeln, um sich die Köderabfälle zu schnappen. Dort ist das Wasser normalerweise auch klarer. Spannung und einen Schauder garantiert der Aufenthalt unten auch, wenn ein Weißhai aus dem fernen Halbdämmer auftaucht.

Andere Veranstalter bieten den Tauchern auch einen richtigen Tauchgang um die Ecke an, doch die Nachfrage ist gering. Der Gedanke, ungeschützt in der Nähe eines Gebiets zu tauchen, wo Haie mit Ködern angelockt werden, und das auch noch in Gesellschaft von Robben, ist nicht jedermanns Sache.

Wenn keine Haie da sind, dösen die meisten Taucher einfach vor sich hin, sehen sich Videos an, basteln an der Kamera herum oder lesen. Weißhaitrips sind sehr teuer, bieten aber keinerlei Garantie. Wenn Sie Haie zu sehen bekommen, war es ein guter Trip. Wenn nicht (was durchaus nicht selten vorkommt), können Sie es ja im nächsten Jahr wieder versuchen. Für den, der es sich leisten kann, ist aber schon eine einzige Begegnung die Sache wert. Auge in Auge einem zahnstarrenden Weißhai gegenüber – es gibt nichts Vergleichbares.

Die beste Zeit ist Januar bis April, wenn die jungen Robben geboren werden, in der südlichen Hemisphäre Hochsommer bis Herbst. Normalerweise herrscht dann gutes Wetter, nur gelegentlich gibt es Sturm oder weht starker Wind. Die Lufttemperaturen liegen zwischen 16 und 24 °C.

Einige Veranstalter, die Käfigtauchen anbieten, operieren von Port Lincoln oder Adelaide aus. Adelaide ist für australische Verhältnisse ein großer Flughafen und wird von regulären Gesellschaften angeflogen. Der kleine Flughafen von Port Lincoln wird nur von kleinen Maschinen angeflogen, die nicht immer das ganze Gepäck auf einmal befördern können. Wer viel Ausrüstung bei sich hat, sollte eventuell einen Tag früher fliegen, damit Übergepäck rechtzeitig nachkommen kann.

*Links oben: Blick über Port Lincoln in Südaustralien, einem Ausgangspunkt für die Neptun-Inseln.*
*Links unten und unten: Taucher suchen bei den Neptun-Inseln die unmittelbare Begegnung mit Weißhaien* (Carcharodon carcharias).

## Regionale Adressen

### Südafrika

Internationale Vorwahl: ++27
Durban Afrika
Touristikinformationen
Tel.: (31) 304-4934

***Aliwal Shoal***

Blue Wilderness Dive Expeditions
Ein kleines Charterunternehmen mit Hauptsitz in dem kleinen Ort Umkomaas an der Südküste von Kwazulu-Natal, dem traditionellen Tor zur Aliwal Shoal.
Tel./Fax: (39) 973-2348
Internet: www.bluewilderness.co.za

***Protea Banks***

African Dive Adventures
Trevor Paul Krull führte das Sporttauchen an den Protea Banks ein und ist dort der einzige Veranstalter.
Mobil: 082-456-7885
Tel.: (39) 315-7794
Fax: (39) 305-2924
E-Mail: afridive@iafrica.com
Internet: www.cybercraft.co.za/dive

***Sodwana Bay***

Coral Divers
Mobil: 082-556-2474

Kwazulu-Natal Nature
Conservation Service
Sodwana Bay Office
Tel.: (35) 571-0051
Kwazulu-Natal Nature
Conservation Service
Zentrale Reservierungen
Tel.: (331) 845-1000

### Mosambik

***Ponta do Ouro***

Blue Wilderness (s.o.) hat Außenstellen in Mosambik, südlich von Maputo in Ponta Malongane (bei Ponta do Ouro) und Ponta Millibangalala.

***Bazaruto-Archipel***

Benguerra Lodge besteht seit zehn Jahren und hat eine komplette Tauchschule.
Benguerra Lodge
Tel.: (++27)(11) 483-2734/5
Fax: (++27)(11) 728-3767
E-Mail: benguela@icon.co.za
Internet: www.benguerra.co.za

### Komoren

Island Ventures Diving
Island Ventures Comoros
Le Galawa Beach Hotel & Cassino
Kontaktperson Ron Bogatie
Tel.: (++27)(11) 285-2513
Fax: (++27)(11) 285-2403
Mobil: 082-450-1713
E-Mail: diving@wlh.co.za

Le Galawa Beach Hotel
Tel.: (++269) 78-8118
Fax: (++269) 78-8251
E-Mail: Galawa@snpt.km

### Seychellen

Internationale Vorwahl: (++248)

Ministerium für Tourismus
PO Box 92, Victoria, Mahé
Tel.: 22-5313
Fax: 22-4035

***Mahé***

The Underwater Centre
Coral Strand Hotel
Tel.: 247-357

***Amiranten***

Desroches Diving Centre
Desroches Island Resort
Tel.: (++248) 22-9003
Fax: 22-9002

### Rotes Meer

***Israel***

Internet:
www.inisrael.com/tour/eilat
www.index.co.il/tourism

Dolphin Reef:
Tel.: 972 07 371846
Fax: 972 07 375921
E-Mail: reef@netvision.net.il
Internet: www.dolphinreef.co.il

***Ägypten***

Internationale Vorwahl: (++20)
Tel.: 2-85-4509
Fax: 2-85-4363
Internet: www.touregypt.net/vdc

***HEPCA***

Tel.: 65-44-6674
Fax: 65-44-5035
Internet: www.hepca.org
E-Mail: hepca@hepca.org

***Ägyptische Reisebüros im Ausland:***

**EUROPA**

Frankfurt
Tel.: (069) 25-2319
Fax: (069) 23-9876

Madrid
Tel.: (++341) 587-6633
Fax: (++341) 587-6634

**USA**

Chicago
Tel.: (++1312) 280-4666
Fax: (++1312) 280-4788

Houston
Tel.: (++1713) 782-9107

Los Angeles
Tel.: (++1213) 653-8815
Fax: (++1213) 653-8961

New York
Tel.: (++1212) 332-2570
Fax: (++1212) 956-6439

**Kanada**

Montreal
Tel.: (++1514) 861-4420
Fax: (++1514) 861-8071

**Südafrika**

Johannesburg
Tel.: (++27)(11) 880-9602/3
Fax: (++27)(11) 880-9604

**Asien**

Japan, Tokio
Tel.: (++813) 3589-0653
Fax: (++813) 3589-1372

### Malediven

Internationale Vorwahl: (++960)
Maldives Tourism Promotion Board, Male
Tel.: 32-3228
Fax: 32-3229
E-Mail: mtpb@visitmaldives.com

Voyages Maldives
No. 2 Fareedhee Magu, Male
Tel.: 32-349
Fax: 32-5336
E-Mail:
voyages@dhivehinet.net.mv

Maldives Scuba Tours Ltd.
Finningham, Suffolk, GB
Tel.: (++44) 1449-78-0220
Fax: (++44) 1449-78-0221
E-Mail: info@mst.keme.co.uk

High Commission of Maldives in London
Tel.: (++44) 171-224-2135
Fax: (++44) 171-224-2157
E-Mail: maldives.high.
commission@virgin.net

Permanent Mission of the Republic of the Maldives to the UN, USA
Tel.: (++1) 212-599-6195
Fax: (++1) 212-972-3970
E-Mail: mdvun@undp.org

### Sri Lanka

Underwater Safaries Ltd.
Kontaktperson: Valeria Ekanayake, Sri Lanka

Tel.: (++941) 694-012
(++941) 699-756
Fax: (++941) 694-029

**Indien, Myanmar und Thailand**
***Lakshadweeps***
Casino Hotel, Willingdon Island, Cochin 682003, Indien
Tel.: (++91) 484-66-8421
Fax: (++91) 484-66-8001

Divelink Thailand
Ein kostenloser Tauchberatungsservice für das ganze Land. Fungiert auch als Buchungsstelle für die größten/besten Tauchveranstalter.
E-Mail:
divelinkthailand@hotmail.com

South East Asia Liveboards, Phuket
Tel.: 66 76 340406
Fax: 66 76 292561
E-Mail: info@sealiveaboards.com
Internet:
www.sealiveaboards.com

Spezialisiert auf Tauchkreuzfahrten und Abenteuertrips nach: Similan- und Surin-Inseln, Sangihe-Archipel, North Sulawesi, Mergui-Archipel, Andamanen und Burma Banks.

**Indonesien**
***Bali***
Baruna Water Sports, Denpasar
Tel.: (361) 051-223
Fax: (361) 53-809

Oceana Dive Centre, Sanur
Tel.: (361) 28-8652
Fax: (361) 28-8892

Dive & Dives, Sanur
Tel.: (361) 88-052
Fax: (361) 89-309

***Lombok***
Blue Marlin
Tel.: (364) 93-033

***Westtimor und Roti***
Dive Kupang/Pitoby Watzer Sports, Kupang
Tel.: (391) 31634
Fax: (391) 31634

**Australien**
Der größte Tauchveranstalter in Westaustralien ist Perth Diving Academy. Dort nennt man Ihnen die Adresse von Veranstaltern in anderen Gegenden.
Perth Diving Academy, Westaustralien
Tel.: (++618) 9344-1562
Fax: (++618) 9344-7844

Western Australian Tourist Bureau
Tel.: (++61-1300) 361-351

## Druckkammern

***Südafrika***
Eine Druckkammer befindet sich auf dem Stützpunkt der südafrikanischen Marine, Salisbury Island, Durban, eine weitere am Strand in der Sodwana Bay.

***Mosambik***
Keine Druckkammer in Mosambik.

***Komoren***
Keine Druckkammer.

***Seychellen***
Das Krankenhaus auf der Insel Mahé hat eine Druckkammer, Tel.: 38-8000.

***Rotes Meer***
Die einzige Druckkammer befindet sich in Sharm El Sheik.

***Malediven***
Auf den Malediven gibt es nur eine Druckkammer beim Bandos Island Resort, Tel.: 44-0088. Fax: 44-0060.

***Sri Lanka***
Die einzige Druckkammer befindet sich im Militärstützpunkt Trincomalee. Sie steht Zivilisten/Sporttauchern aber nicht zur Verfügung.

***Tschagos***
Keine Druckkammer für den zivilen Einsatz.

***Andamanen, Myanmar und Thailand***
Phuket Hyperbaric Centre
E-Mail: sssph@loxinfo.co.th
Tel.: (+66-76) 34-2518
Fax: (+66-76) 34-2519

***Indonesien***
Die einzige zuverlässige Druckkammer befindet sich auf Bali, für Taucher empfiehlt sich aber, Mitglied bei DAN-Divers Alert Network Asia Pacific zu sein:
DAN Asia Pacific,
Tel.: (++65) 750-5546.

***Australien***
Hospital and Health Centre, Alma Street, Fremantle
Tel.: 08-9431-3333.
DAN Australia, Tel.: 08-8373-5312.

***Gattungsnamen***
Da in einigen Ländern am Indischen Ozean Englisch gesprochen wird und z. B. in Australien teilweise andere Bezeichnungen für Fische existieren als in England, im Folgenden eine kleine Zusammenstellung, um etwaigen Verwirrungen vorzubeugen.

*Amphiprion akallopisos* • skunk clownfish • nosestripe anemonefish • Weißrücken-Anemonenfisch
*Amphiprion ocellaris* • false clownfish • common clownfish • Westlicher Clownfish
*Carangoides fulvoguttatus* • Yellow-dotted trevally • yellowspotted kingfish • Gelbflecken-Makrele
*Caranx ignobilis* • giant trevally • giant kingfish • Dickkopf-Makrele
*Caranx melampygus* • bluefin trevally • bluefin kingfish • Blauflossen-Makrele
*Caranx sem* • blacktip trevally • blacktip kingfish • Schwarzspitzenmakrele
*Carcharhinus leucas* • bull shark • Zambezi shark • Bullenhai
*Cephalopholis miniata* • coral grouper • coral trout • Juwelen-Zackenbarsch
*Cheilinus undulatus* • Napoleon wrasse • humphead wrasse • giant wrasse • Maori wrasse • Napoleon-Lippfisch
*Chelmonops truncatus* • eastern talma • eastern coralfish • square-back coralfish • truncate coralfish • Schwarzbinden-Pinzettfisch
*Dascyllus trimaculatus* • threespot dascyllus • domino • Dreifleck-Preußenfisch
*Epinephelus lanceolatus* • giant grouper • brindle bass • Queensland grouper • Riesenzackenbarsch
*Epinephelus tukula* • potato grouper • potato cod • potato bass • Kartoffel-Zackenbarsch
*Eugomphodus taurus* • gray nurse shark • raggedtooth shark • sand tiger • Sandhai, Tigerhai
*Naso lituratus* • orange-spine unicornfish • masked surgeonfish • Gelbklingen-Nasendoktor
*Odonus niger* • redtooth triggerfish • midnight-blue triggerfish • blue triggerfish • Rotzahn-Drückerfisch
*Parablennius intermedius* • horned blenny • false Tasmanian blenny • Gehörnter Schleimfisch
*Pseudanthias squamipinnis* • lyretail anthias • sea goldie • orange anthias • Juwelen-Fahnenbarsch

# *Index*

## Die Autoren

### Allgemeiner Berater

**Jack Jackson** ist versierter BSAC-Taucher, der zwölf Jahre im sudanesischen Roten Meer ein Tauchsportunternehmen geführt hat und dem Tauchen immer noch verbunden ist. Er ist Mitglied der Royal Photographic Society in Underwater Nature Photography, der Royal Geographic Society sowie der British Society of Underwater Photographers und schreibt und fotografiert regelmäßig für Zeitschriften und Buchverlage in aller Welt. Der für das Fotografieren und Schreiben Ausgezeichnete hat selbst zehn Bücher verfasst, darunter: *Tauchen und Reisen Malaysia und Singapur, Tauchen und Reisen Philippinen* und *The Dive Sites of Aruba, Bonaire and Curaçao* und war Berater sowie Hauptverfasser für *Die schönsten Tauchreisen der Welt* (Delius Klasing, Edition Naglschmid). *Tauchen und Reisen Philippinen* wurde mit dem Kalakbay Award für die beste ausländische Veröffentlichung des Jahres 1996 ausgezeichnet, *Die schönsten Tauchreisen der Welt* errang den Diver Award für die beste Veröffentlichung 1997. Jack Jackson war auch beim *Handbuch der Unterwasser-Fotografie* beratend tätig.

### Meeresbiologischer Berater

**Mike Bruton** ist Direktor von Science and Environment Programmes für MTN Südafrika. Er ist Ehrenprofessor der Universität Kapstadt, war bis November 1998 Direktor von Scientific and Educational Services am Two Oceans Aquarium und Direktor des Two Oceans Environmental Education Trust in Kapstadt. Von 1982–1994 war er Direktor des JLB Smith-Instituts für Ichthyologie an der Rhodes Universität Grahamstown. Bruton hat in Südafrika, Namibia, Malawi, Mosambik, Botswana, Kenia, England, Frankreich, Belgien, im Nahen Osten, den USA, Kanada und Australien auf den Gebieten Ökologie, Biologie und Schutz von Fischen und Meereswirbellosen geforscht. Er kann über 100 wissenschaftliche Publikationen vorweisen und hat auf zahlreichen internationalen Konferenzen gesprochen. Er war Berater beim *The Aquarium Fish Handbook*.

## Westlicher Indischer Ozean

***Protea Banks, Ponta do Ouro, Bazaruto Archipel***

**Stefania Lamberti** ist freie Fotojournalistin mit Schwerpunkt Unterwasser und Reisen. Sie ist Verfasserin des *Globetrotter Guide to the Maldives* und Koautorin von *Die schönsten Tauchreisen der Welt* (Delius Klasing, Edition Naglschmid). Gemeinsam mit ihrem Mann Peter besitzt sie das Unternehmen The Wild Side/Aqua Vision TV Productions, das TV-Dokumentarfilme produziert. In Südafrika läuft eine Serie »The Getaway Explorer«. International machen sie gerade zwei Koproduktionen – die jeweils 13-teilige »Blue Reef Adventures« und »Dwellers of the African Wildernes«. Für Shark Week im Discovery-Kanal haben sie einstündige Sondersendungen über Haie gemacht.

***Aliwal Shoal, Sodwana Bay, Pemba***

**Judy Mann-Lang** ist Magister der Ichthyologie und leidenschaftliche marine Umweltschützerin. Bereits als Kind interessierte sie sich für Fische, und seit 1989 taucht sie. Sie ist begeisterte Sporttaucherin. Gegenwärtig ist sie Leiterin des Sea World Education Centre, wo sie unter anderem auch Umweltkurse für Taucher veranstaltet. Sie hat zahlreiche wissenschaftliche Arbeiten und viele Sachbeiträge geschrieben.

***Bassas da India, Komoren***

**Geoff Spiby** ist ein vielfach ausgezeichneter Fotograf, der seit 18 Jahren taucht. Seine Fotos schmücken zahlreiche Zeitschriftenartikel und Bücher über Tauchen, darunter *Die schönsten Tauchreisen der Welt, Das ist Tauchen* und *The Aquarium Fish Handbook*. Er hat im Roten Meer, bei den Malediven, Komoren, Pemba, Bassas da India und vor Südafrika getaucht. Spiby arbeitet hauptberuflich als Tierarzt in Hout Bay, Kapstadt, taucht jedoch in jeder freien Minute. Auch seine Frau Lyn ist begeisterte Taucherin, und die beiden Kinder Kevin und Jacky schnorcheln gern.

***Seychellen***

**Lawson Wood** ist mehrfach ausgezeichneter Unterwasserfotograf und Autor, außerdem Mitglied der British Society of Underwater Photographers, der Royal Photographic Society sowie der Royal Geographical Society und Mitbegründer der Marine Conservation Society. Er ist Autor des kürzlich erschienenen Buches *Top Dive Sites of the Caribbean* und hatte wesentlichen Anteil an *Die schönsten Tauchreisen der Welt.* Für den New Holland Verlag hat Wood folgende Bücher geschrieben: *The Dive Sites of the Caiman Islands, The Dive Sites of Cozumel and the Yucatan, The Dive Sites of the Bahamas, The Dive Sites of the Virgin Islands* und *Tauchen und Reisen Malta, Gozo und Comino* (Delius Klasing, Edition Naglschmid).

***Rotes Meer***

**Jack Jackson** (s. o.), ausgenommen die Seiten 50–53 [aber einschließlich der farbigen Boxen auf S. 52/53] und 56/57.

**Lawson Wood** (s. o.), Seiten 50–53 (ohne farbige Boxen) und 56/57 – Râs Mohammed und Sha'b 'Abu Nuhâs.

## Mittlerer Indischer Ozean

***Indien***
***Lakshadweep-Archipel***

**Fiona Nichols** ist Autorin, Fotografin und begeisterte Freizeittaucherin. Sie hat über zehn Jahre in Südostasien gelebt und unter anderem einen Führer über Phuket, ein Buch über das Tadsch Mahal sowie Beiträge für verschiedene Führer geschrieben. Sie war Mitherausgeberin eines Buchs über Tauchen in Südostasien sowie über das Meeresleben in Südostasien. Im Moment schreibt Fiona Nichols an Führern über Mexiko und Andalusien.

***Andamanen***

**Paul Lees:** Seine Ausbildung zum Sporttaucher bis hin zum PADI Instructor erfolgte in England. In dieser Zeit betrieb er Freizeittauchen bei Malta, Comino und Gozo, den Philippinen, in Singapur und Japan. Als Lehrer betätigte er sich hauptsächlich in Südthailand, dort in Koh Samui und der Provinz Krabi. Seine Schreib- und Fotoprojekte ermöglichen ihm, seinen Horizont ständig zu erweitern, und die Liste seiner Traumziele wird immer länger. In Thailand leitet er die Firma Sun offa Beach, die einen kostenlosen Beratungs- und Buchungsservice für Taucher weltweit bietet. Lees hat ein umfangreiches Bildarchiv, das Bilder verkauft und verleiht.

***Malediven***

**Rob Bryning und Sam Harwood** haben ihre Firma Maldives Scuba Tours vor über zehn Jahren gegründet. Sie haben dank tausender von Tauchgängen vor den Malediven und anderswo große Erfahrung in der Region. Sie kennen fast alle Ferieninseln der Malediven persönlich, und die Fahrten auf ihren Kreuzfahrtschiffen MV *Keema* und MV *Sea Queen* haben ihnen auch die abgelegeneren Tauchgebiete des Archipels erschlossen. Beide sind begeisterte Unterwasserfotografen und Autoren von *Tauchen und Reisen Malediven* (Delius Klasing, Edition Naglschmid). Sie liefern regelmäßig Beiträge zu Tauchartikeln weltweit. Ihren beiden Kindern Alexander und Ella steht der aufregende erste Tauchgang allerdings erst noch bevor.

***Tschagos-Archipel, Sri Lanka***

**Dr. Charles Anderson** ist Taucher und professioneller Meeresbiologe und lebt und arbeitet seit 1983 auf den Malediven. Er hat die maledivischen Riffe und Meeresfische, Haie, Wale und Niederen Tiere erforscht. Das fand seinen Niederschlag in über 100 Berichten, zahlreichen populärwissenschaftlichen Beiträgen und mehreren Führern zum Meeresleben der Malediven. Außerdem hat er intensiv bei Sri Lanka getaucht und einen Führer zum Meeresleben der Insel geschrieben. Einige seiner liebsten Taucherinnerungen gelten jedoch den Tschagos-Inseln, die er 1996 im Rahmen einer wissenschaftlichen Tauchexpedition besuchte.

## Östlicher Indischer Ozean

***Myanmar, Thailand***

**Paul Lees** (s. o.) schrieb *Tauchen und Reisen Thailand* (Delius Klasing, Edition Naglschmid), dessen zweite Auflage auch den jüngst erschlossenen Mergui-Archipel behandelt.

***Indonesien***

**Michael Aw** gab seine Karriere in der Werbebranche auf und ging nach Sydney, wo er jetzt als Meeresfotograf und Berater arbeitet. Seine Fotos und Beiträge zu Umweltthemen, Naturgeschichte, Reisen und Fachfragen des Sporttauchens erscheinen in den verschiedensten Medien, wie *GEO* (Australasien), *Underwater Geographic, Nature Focus, Action Asia, Scuba Diver, Sport Diving, Divelog, Ocean Realm* (USA), *Dive International, Aquanaut* und *Discover Diving* (USA), um nur einige zu nennen. Seine Fotos sind mehrfach ausgezeichnet worden, unter anderem mit dem angesehenen Superb Close-Up Award 1995 des internationalen Fotowettbewerbs von Nikon. Mehr als 5.000 seiner Bilder sind weltweit in Publikationen und Ausstellungen erschienen. Seit 1989 hat er 39 Exkursionen nach Indonesien unternommen und ausgiebig bei Sulawesi, Kailimantan, Banda, Bali, Flores, Alor und Timor getaucht. Sein letztes Buch, *Dreams from a Rainbow Sea – Maldives,* wurde zum offiziellen Staatsgeschenk gemacht und vom Präsidenten der Republik Malediven gebilligt. Auf der Grundlage dieses Buches hat er zusammen mit dem Filmemacher Leo Blanco seinen ersten Video-Dokumentarfilm fertig gestellt.

***Australien***

**Ann Storrie** (außer S. 158/159). Geboren in Perth, arbeitet als Tierlaborantin in der medizinischen Forschung, als Lehrbeauftragte für Tierpflegeuntersuchungen bei Bentley TAFE. Freie Fotojournalistin mit Schwerpunkt Unterwasserthemen. Sie taucht und fotografiert seit 1982, vor allem um sich auf dem Gebiet der Naturfotografie weiterzuentwickeln. Gemeinsam mit ihrem Mann erarbeitete sie sich alle Seiten der UW-Fotografie, wenngleich ihr Hauptinteresse nach wie vor der Natur und Meeresbiologie gilt. 1984 gründete sie die Western Australien Underwater Photographic Society (WAUPS). Seit 1983 hat sie zahlreiche Artikel in *Scuba Diver* und *Sportdiving in Australia and the South Pacific* und unter anderem in *GEO* veröffentlicht. Es sind Artikel über Südostasien und die westaustralische Küste sowie über Meeresbiologie. Ihr erstes Buch über das Meeresleben am Ningaloo Reef und der Coral Bay erschien 1998.

**Rebecca Saunders** (Seite 158/159 – Neptun-Inseln) ist freie Fotografin und schreibt über Meereswissenschaft und damit zusammenhängende Fragen. Nebenher beliefert sie *BBC Wildlife* (England), *Australian Geographic, Australian Natural History, Australian GEO* und verschiedene Tauchzeitschriften in aller Welt. Sie ist die Autorin von *Ambon, Marine Wonderland* und schreibt gerade an einem zweiten Buch über Tauchen in Australien. Sie ist die Herausgeberin der Tauchzeitschrift *Scuba Yearbook/Scuba Adventure,* und schreibt regelmäßig über Unterwasserfotografie in einer neuseeländischen Tauchzeitschrift. 1996/97 gewann sie als erste Frau den Wettbewerb der australischen UW-Fotografen.

---

Von den Autoren stammen zahlreiche Bildsachbände und Reiseführer:

*Tauchen und Reisen*
- *Philippinen* (Jack Jackson)
- *Rotes Meer* (Guy Buckles)
- *Thailand* (Paul Lees)
- *Malaysia/Singapore* (Jack Jackson)

*Die schönsten Tauchreviere* (Jack Jackson)

## Fotonachweis

Das Copyright © an den Fotos liegt bei folgenden Fotografen und/oder ihren Agenten:

**Charles Anderson,** S. 11 (Mitte rechts und rechts), 38 (unten), 86 (links unten), 95 (rechts oben), 97 (links und rechts), 99 (oben und unten), 100, 101 (rechts oben und rechts), 102 (links und rechts), 103, 104 (oben und links unten, Mitte und rechts), 129 (rechts oben), 104 (links oben und rechts unten), 138 (rechts), 144 (Mitte unten).

**Michael Aw** S. 10 (Mitte links, Mitte rechts, rechts), 12, 13, 76, 77 (links oben, Mitte, rechts und unten), 88 (rechts), 89 (rechts), 94, 96 (links und rechts), 98 (unten), 105 (Mitte links), 108, 109 (rechts oben und rechts), 110 (oben und unten), 111, 112 (links), 113 (links oben und unten), 130 (oben und rechts unten), 131, 132 (unten), 133, 134 (rechts oben, links unten und Mitte), 135, 136 (oben und rechts unten), 137 (links oben, Mitte und rechts, unten), 138 (links), 139, 145 (links), 150 (unten).

**Lydia Burger** S. 40 (unten), 41 (oben und unten).

*Gallo Images*

**Atholl Franz** S. 80
**Kerstin Geier** S. 14/15
**Roger de la Harpe** S. 42 (links oben).

**Jack Jackson** S. 48 (rechts oben und unten), 49, 53 (rechts oben), 58 (oben), 60 (links), 60/61, 61 (rechts oben und unten), 62 (links oben und rechts unten), 63 (oben und unten), 64 (unten), 65, 66 (oben und unten), 67 (oben und unten), 68, 69 (links oben und unten, rechts oben und unten), 71.

**Dennis King** S. 20 (unten), 22 (unten), 23 (rechts), 24 (rechts unten), 26 (unten), 27 (oben und unten), 28 (rechts oben), 28/29 (oben), 29 (links unten), 43 (links unten), 44/45, 85 (links unten), 90/91.

**Danja Köhler** S. 153 (links unten).

**Stefania Lamberti** S. 16, 18 (oben und unten), 24 (rechts oben), 43 (links oben und rechts), 47 (rechts), 64 (oben), 70 (unten), 84 (unten), 93 (links oben).

*Life File*

**Maggie Fagan** S. 98 (oben)
**Char Sayers** S. 115 (rechts oben).

*Lochman Transparencies*

**Dick Beilby** S. 143 (rechts unten)
**Bill Belson** S. 152 (oben)
**Eva Boogaard** S. 132 (rechts oben), 145 (rechts), 153 (oben).
**Clay Brice** S. 128, 130 (links unten und rechts), 132 (links oben und rechts), 142 (oben und links unten, Mitte und rechts), 143 (oben und links unten), 153 (rechts unten).
**Simon Jones** S. 148 (links unten), 149 (rechts unten).
**Jiri Lochman** S. 93 (unten), 141 (rechts oben), 154 (links unten und rechts).
**Marie Lochman** S. 106/107.
**Peter & Margie Nicholas** S. 105 (oben und links unten), 148 (oben), 155, 156, 157 (links oben und rechts und unten).
**G. Saueracker** S. 81 (rechts oben), 85 (rechts), 154 (oben).
**Alex Steffe** S. 149 (links oben), 151 (oben).
**Geoff Taylor** S. 136 (links unten), 140, 150 (oben), 151 (unten), 152 (unten).

**Ian Michler** S. 26 (oben).

**National Book Distributors/Shaen Adey** S. 158 (oben).

*Naturescapes*

**Anne und Wayne Storrie** S. 141 (rechts), 144 (oben und links unten und rechts), 146 (unten), 146/147, 147 (oben Mitte und rechts und unten), 148/149, 149 (rechts oben).

**Fiona Nichols** S. 72/73, 74 (links oben), 74/75, 116 (oben).

*NPB*

**Roger de la Harpe** S. 22 (oben).

**Oceanic Impressions – Mark Strickland** S. 78, 79 (oben und unten), 112 (rechts), 113 (rechts oben), 114/115, 116 (unten), 117, 118 (oben und unten), 119 (links und rechts), 120, 121 (oben und unten), 122 (oben und unten), 123 (oben und unten), 124 (links und rechts oben und unten), 125 (links und rechts, 126/127.

*Photo Access*

**Getaway/David Steele** S. 25 (rechts oben)
**Planet Earth/James Watt** S. 158 (unten), 159.

**Peter Pinnock** S. 11 (links und Mitte links), 17 (rechts oben), 19 (links und rechts), 21 (oben, Mitte und unten), 23 (links), 24 (links oben, links und Mitte), 25 (unten), 37 (oben), 39 (unten), 47 (rechts oben), 50/51 (unten), 52/53, 55 (links).

**Linda Pitkin** Titel, S. 1, 2/3, 4/5, 6, 37 (unten), 39 (oben), 46, 51 (unten), 54 (oben und unten), 59, 85 (oben), 88 (links), 89 (unten), 92, 164/165.

**Jeff Rotman Photography** S. 48 (links).

**Geoff Spiby** S. 10 (links), 25 (links oben), 28 (links und Mitte), 29 (rechts), 30/31, 32 (links oben und rechts unten), 32/33, 33 (links oben und unten links und rechts), 34, 35, 42 (unten), 56 (unten), 57 (oben und unten), 58 (unten), 60 (links außen), 82 (oben und unten links, Mitte und rechts), 83 (oben und unten), 84 (oben), 86 (oben und rechts unten), 87 (oben und unten), 89 (Inset), 93 (rechts oben), 160/161.

**C. Velasquez** S. 31 (rechts oben), 38 (oben), 40 (links oben).

**Lawson Wood** Vorsatzblätter, S. 20 (oben), 36 (links oben), 50 (links), 50/51 (oben), 52 (links), 53 (links), 55 (rechts), 56 (oben), 70 (oben), 105 (rechts).


## Danksagung des Verlages

Der Verlag bedankt sich bei Jack Jackson für dessen unermüdlichen Beistand in allen Phasen dieses Vorhabens. Seine Tatkraft, Erfahrung und sein Blick für das Detail waren von unschätzbarem Wert.

Auf Seiten des Verlages war Charlotte Parry-Crooke eine große Hilfe, die mit ihrer reichen Erfahrung und den vielen Kontakten sehr zur Gestaltung dieses Projekts beigetragen hat. Fiona Nichols war mit ihren Aufmachern und Kontakten vor Ort ebenfalls eine wertvolle Hilfe.

Unser Dank gilt auch den Autoren, die bereitwillig auf die vielen Rückfragen vor allem hinsichtlich einiger Gattungsnamen von Fischen eingegangen sind und, wo möglich, regionale Kontakte vermittelt haben.